George Eugène-Fasnacht

Macmillan's French Readings for Children

George Eugène-Fasnacht

Macmillan's French Readings for Children

ISBN/EAN: 9783337215767

Printed in Europe, USA, Canada, Australia, Japan

Cover: Foto ©Thomas Meinert / pixelio.de

More available books at **www.hansebooks.com**

MACMILLAN'S
FRENCH READINGS
FOR CHILDREN

BY

G. EUGÈNE FASNACHT

LATE ASSISTANT-MASTER IN WESTMINSTER SCHOOL
EDITOR OF MACMILLAN'S SERIES OF FOREIGN CLASSICS

WITH ILLUSTRATIONS BY LOUIS WAIN

London
MACMILLAN AND CO.
AND NEW YORK
1891

All rights reserved

PREFACE

THIS French class-book has been compiled with a view to provide beginners with entertaining reading material—so easy both in form and substance as to be well within the intellectual grasp of minds as yet innocent of grammar.

I make no apology for admitting in the front rank of these pages a not inconsiderable amount of versified matter, in which rhyme is more conspicuous than reason. I will only say that such verses, simple in construction and primitive in meaning, afford advantages for overcoming the difficulties of pronunciation which would be vainly sought in common prose. It is by means of rhymes that beginners can best be impressed with the fact that *champ*, for instance, sounds like *chant*; *quand* like *camp*; *sang* like *cent*; *faim* like *fin*, *feint*; *temps* like *tant*, *tend*, etc.

With a view to meet the wishes of teachers anxious to systematise the knowledge of sounds acquired by their pupils in the course of their readings, I have summed up the elements of French pronunciation in a short Introduction. But I have not deemed it expedient to have recourse to phonetic transcription, for the simple reason that so far not any two doctors of the science of phonetics have been able to agree upon a uniform system of pourtraying the sounds of a language with anything like scientific precision[1]— " between eye, ear, and lip, there is many a slip." It will be for the phonograph, I venture to think, to solve this difficult problem.

[1] For aught I know, "psjø" may be the very best sound-picture of "Monsieur" (as given in a well-known manual), but I am afraid more than one pupil might mistake it for an invitation to sneeze.

December 1890.

CONTENTS

	PAGE
Introductory Practice in Pronunciation	ix
1. Réveil	2
2. Un, Deux, Trois	4
1a. Les Couleurs	5
3. Les Jours de la Semaine	6
4. L'Enfant gâté	6
5. Dame Tartine	8
6. Les trois Braves	10
5a. Bon Grain, bon Pain	11
7. La bonne Aventure	12
8. Paris renversé	14
7a. Chien et Chat	15
9. Le Coq et la Perle	16
8a. Courage	17
10. La Ronde des Fleurs	18
10a and b. Énigmes	21, 23
11. Randonnée	24
10c. Les Goûts	25
12. Petit Oiseau	26
11a. L'Abeille et le Papillon	27
12a. Chaviro	29
13. L'Araignée et la Mouche	30
14. Comment t'appelles-tu?	30
15. L'Âge d'Or	32
14a. Le petit Latiniste	33
16. La Noix	36
17. L'Écho	36
18. La Citrouille et le Gland	40
18a. Le Chameau et le Chat	40
19. Les Épis	42
18b. Le Coq	43
20. Le Lion	44
21. Le Clou	46
22. Les trois Brigands	48
21a. Quand j'étais petit	49
22a. Énigme	51
23. Les Perles	52
24. Les deux Voyageurs	54
23a. L'Enfant et les Oiseaux	55
25. La Cassette merveilleuse	56
24a. Énigme	57
26. La Mendiante	60
25a. Les Mois	61
26a. La Corneille altérée	63
27. Le Portrait	64
27a. Amusette	65
28. Les Mouches et les Araignées	66
27b. Le Borgne et le Bossu	67
29. Travaille et prie	68
30. Les Amis après la Mort	70
30a. Énigme	71
Alphabetical Vocabulary	72

INTRODUCTORY PRACTICE IN FRENCH PRONUNCIATION.

GRADUATED FOR THE USE OF BEGINNERS.*

CAUTION.—In French there are many words in which not all the written or printed letters are pronounced (as in English—ca*l*m, lam*b*, plou*gh*). In order to assist Beginners, these *silent letters* (mostly consonants at the end of a word) will be found printed in *italics*: as—
tard, pronounced = tar ; très, pronounced = trè, etc.

ABBREVIATIONS.—
(f.) means *feminine* in gender ;
(m.) means *masculine* in gender ;
− over a letter (as ā) indicates that the *sound is long* ;
⌣ over a letter (as ă) indicates that the *sound is short*.

* Exceptions to the General Rules are only mentioned when unavoidably called for. A systematic treatment will be found in the *Companion to Macmillan's First French Course, I.*

a.—(1) a ouvert.

a, *has* ; à, *to, at, in* ; là, *there* ; papa ;
ma, *my* ; ta, *thy, your* ; } used before Nouns which are
la,* *the* ; sa, *his, her* ; } *feminine* in French.

* l' before a Noun or Adjective beginning with a *vowel* or *silent h.*

par, *by, through* ; il par-la, *he spoke* ; Ca-na-da ;
A-ra-be ; ca-ma-ra-de ; ma-da-me ; la sa-la-de ;
la gla-ce, *the ice* ; la pla-ce ; la cas-ca-de ;
la ca-ra-fe, *the decanter.*

(2) a fermé.

l'â-me (f.), *the soul*; l'â-ne (m.), *the ass*; la grâ-ce; bra-ve; la ca-ve, *the cellar*; gra-ve; la ga-re, *railway station*; la fa-ble; l'ar*t* (m.); tar*d*, *late*; băr-ba-re; bas, *low*; las, *tired*; gras, *fat*; ra-re; la tasse, *the cup*; la classe.

e.—(1) e sourd.

le, *the*; } used before a Noun or Adjective which
ce, *this*; }   is *masculine* in French.

je, *I*; me, *me*; te, *thee*, or *to-thee*; *you*, or *to-you*; le, *him* or *it*; ne, *not*; que, *that, than*; Gre-na-de; il par-le-ra, *he will-speak*; l'ar-bre (m.), *the tree*; l'arme (f.), *the weapon*; la bar-be, *the beard*.

When two or more surd syllables follow each other, they cannot be slurred altogether; in pronouncing one, and slurring another, we must be guided by what requires the least effort, thus:—

    Ne me le dis pas = Něměl' di*s* pa*s*.
    Ce que je te dis = Cque j' tĕ dis.
    Je ne te le dirai pas = Jen'tel' dirai pas.

Obs.—When is e *surd*, and when *absolutely silent?*—is a question which cannot be solved by a hard and fast rule. Bear in mind that in the easy flow of *familiar conversation*, e sourd is apt to vanish into thin air, when no harshness arises from the shock of consonants brought together by the disappearance of e:—

samedi = samdi; la pelote = plote; médecin = médcin; Je ne le dis pas = Jenel' dis pas;*

but in—il par-le-ra, nous se-rions, the *e* will assert itself for the simple reason that it is easier to pronounce parlĕra, serioṇs, than parlra, srions, the harsh sound of which requires a much greater effort. In dedans, devant, dehors, debout, etc., the e sourd will, for obvious reasons, unavoidably assert itself.

* The rule given in a French grammar lately published, to the effect that in the case of several consecutive syllables containing e sourd, "it is usual to drop the 2d, 4th, and 6th," is altogether misleading; it may be wrong as often as right: to pronounce, for instance, "Je-nle dis pas," would be a barbarism never perpetrated by educated French people. Contractions like *mle, nle, jle,* etc., must be carefully avoided.

(2) e fermé.

le dé, *thimble*; l'é-té (m.), *summer*; é-té, *been*; la fée, *fairy*; la vé-ri-té, *truth*; par-lé, *spoken*.

Like é (*i.e.* e fermé) are pronounced—

(1) the *verb-endings* -er, -ez, -ai; as,

parl-er, *to speak*; parl-ez, *speak ye*, = parl-é; je par-ler-ai, *I shall speak*, = parleré.

(2) -er, -ez, -ed, at the end of most *nouns* and *adjectives* of more than one syllable: as,

le pre-mier, *first*, = premié; dîner = dîné; le nez, *nose*, = né; le pied, *foot*, = pié. Thus, l'é-co-lier, *schoolboy*; le pa-pier; le gre-na-dier; le pas-sa-ger, *passenger*.

b

(3) e ouvert.

(*a*) le pè-re, *father*; le frè-re, *brother*; la mè-re, *mother*; la Grè-ce, *Greece*; la piè-ce; cé-lè-bre; la rè-gle, *rule*; le pro-grès; le mè-tre.

(*b*) ê-tre, *to be*; le rê-ve, *dream*; la tê-te, *head*; la fê-te; prê-ter, *to lend*; la fo-rêt, *forest*.

(*c*) le fer, *iron*; la mer, *sea*; a-mer, *bitter*.

(*N.B.*—The following are all pronounced alike—
le ver, *worm*; le vers, *verse*; le verre, *glass*; vert, *green*.)

l'*hi*-ver (m.), *winter*,=livère; *of*-fert, *offered*; mo-der-ne; la ter-re, *earth, land*.

CAUTION.—Never pronounce the French -er as in English (see p. xxii.)

(*d*) les, *the* (plural); des, *some, of-the* (plural); mes, *my* (plural); ces, *these, those*; el-*le*, *she*; bel-*le* (f. of beau), *fine*; la no-bles-*se*, *nobility*; sec, *dry*; le sel, *salt*; cet, *this*; secre*t*.

(*e*) la rei-ne, *queen*; la pei-ne, *trouble*; la Sei-ne.

(*f*) la lai-ne, *wool*; le maî-tre, *master*; clair, *clear*; la pai-re, *pair*; l'aî-le (f.), *wing*; la paix, *peace*; le lait, *milk*; il ai-me, *he loves*; mais, *but*; il é-tait, *he was*; ils é-taient, *they were*.

i.—(1) i, y (*short*).

il, *he, it*; le fil, *thread*; a-mi, *friend*; mil, mille, *thousand*; fi-dè-le, *faithful*; sys-tè-me; mys-tè-re.

(2) i, y (*long*).

l'î-le, *island*; il dî-ne, *he dines*; nous ven-dî-mes, *we sold*; l'es-ti-me, *esteem*; la mi-ne, *mien, mine, pit*; la fa-mi-ne; la vie,* *life*; la par-tie; par-tir, *to depart*; di-re, *to say*; la tar-ti-ne; la li-me, *file*; la ly-re.

* CAUTION.— -ie- in the middle of a syllable = iê :—
le miel, *honey*, = miêl; le ciel, *sky, heaven*, = ciêl.

o.—(1) o fermé.

(1) le trô-ne; la cô-te, *coast*; le cô-té, *side*;
  le rô-le, *roll*; l'a-pô-tre, *apostle*; le nô-tre, *ours*;
  le vô-tre, *yours*.

(2) la ro-se; le re-pos; o-ser, *to dare*; ar-roser, *to water*; le mot, *word*; le pot; le hé-ros;
  nos, *our*; vos, *your* (plural); le dos, *the back*.

(3) l'eau, *water*; beau, *fine*; la peau, *skin*;
  pau-vre, *poor*; au-tre, *other*; la fau-te, *fault*;
  aux, *to-the, at-the* (plural); les che-vaux, *horses*;
  chaud, *warm*; Bordeaux.

(2) o ouvert.

(1) *short* :—la ro-be, *gown* ; no-ble ; le glo-be ; la mo-de, *fashion* ; l'é-co-le, *school* ; la pa-ro-le, *speech* ; l'é-tof-fe, *stuff* ; trop, *too, too much, too many.*

(2) *long* :—l'or, *gold* ; le tré-sor, *treasure* ; tort, *wrong* ; le cor, *horn* ; le corps, *body* ; la mort, *death.*

(3) au-ro-re ; le Mau-re ; il au-ra, *he will-have* ; mau-vais, *bad* ; Paul.

eu, œu.—(1) eu, œu, ouvert.

long :—la fleur, *flower* ; leur, *their* ; le bon-heur, *happiness* ; la de-meu-re, *dwelling* ; l'heu-re, *hour* ; la sœur, *sister* ; le cœur, *heart* ; le fleu-ve, *stream* ; a-veu-gle, *blind* ; la preu-ve, *proof* ; l'œu-vre (f.), *work.*

short :—neuf, *new* ; le bœuf, *ox* ; l'œuf (f.), *egg* ; seul, *alone* ; le peu-ple, *people* ; les mœurs, *manners.*

(2) eu fermé.

eux, *they* ; les yeux, *eyes* ; les œufs, *eggs* ; la lieue, *league* ; bleu, *blue* ; heu-reux, *happy* ; peu, *little* (adverb); le feu, *fire* ; deux, *two* ; l'Eu-ro-pe (f.) ; Eu-gè-ne.

N.B.—eu = u, in — eu, eus, etc., *had.*

u.

(1) du, *of-the, some*; tu, *thou*; lu, *read*; su, *known*;
sur, *upon*; le mur, *wall*; plu, *pleased*; vê-tu,
clothed; la Prus-se; la Russie.

(2) *short*:—lui, *he*; la nui*t*, *night*; fuir, *to flee*;
*h*uit, *eight* (see ui, p. xvi.); le su-cre, *sugar*;
Turc; le calcul, *calculation*.

(3) *long*:—sûr, *sure*; mûr, *ripe*; nou*s* fû-mes, *we were*;
la rue, *street*; la na-tu-re; la ru-se, *cunning*;
sa-lu-bre, *healthy*; l'étude (f.), *study*;
l'en-clu-me (f.), *anvil*; l'ha-bi-tu-de (f.), *habit*.

ou.

(1) le cou, *neck*; le cou*p*, *blow*; le goût, *taste*;
nous, *we, us*; vous, *you*; le trou, *hole*.

(2) *short*:—la cour-se, *the running, race*; la sour-ce;
lou-able, *praiseworthy*.

(3) *long*:—le tour, *turn*; la tour, *tower*; pour, *for*;
tou-jours, *always*; la bra-vou-re, *bravery*;
il ou-vre, *he opens*; l'é-pou-se, *spouse*; la roue,
wheel; la boue, *mud*.

DIPHTHONGS.

oi, oy.

(1) *long* :—le soir, *evening* ; noir, *black* ; la poi-re, *pear* ; croi-re, *to believe* ; voir, *to see*.

(2) *short* :—le roi, *king* ; la foi, *faith* ; toi, *thou* ; soi, *one's self* ; l'oi-seau, *bird* ; le toit, *roof* ; le roy-aume, *kingdom*, = roi-iôm ; la voyelle, *vowel*, = voi-iel ; trois fois, *three times*.

N.B.—ay in the middle of a word :—
payer = pèi-ié ; pays = pèi-y, *or* pè-y ; Bayonne = Ba-yon'.

oui.

oui, *yes* ; Louis ; Loui-se ; é-bloui, *dazzled* ; ré-jou-ir, *to rejoice* ; s'é-va-nou-ir, *to faint*.

ui, uy.

lui, *he* ; la cui-si-ne, *kitchen* ; cui-re, *to cook* ; la pluie, *rain* ; la rui-ne ; la sui-te ; ap-puy-er, *to lean*, = apui-yé.

N B.—u after g or q, in most words, is not sounded (see pp. xx and xxi) ; le guide ; qui ; etc. Thus also—la guerre, *war* ; que ; quand, *when*.

ieu, yeu.

le lieu, *place, spot* ; la lieue, *league* ; les cieux, *skies*; pieux, *pious* ; vieux, *old* ; les yeux (plur. of œil, m. *eye*).

NASAL SOUNDS.

(1.) **an, en ; am, em** (all pronounced alike, <*).

l'an, *year* ; en, *in, some* ; ru-ban, *ribbon* ; an-glais, *English* ; l'en-fan*t, child* ; l'em-pi-re ; les gens, *people* ; l'ar-gen*t, silver, money* ; gran*d, great* ; len*t, slow* ; ma-man, *mamma* ; l'e-xem-ple (m.) ; le tem-ple.

Notice that the following words in each line are all pronounced exactly alike—

le tan, *tan* ; il tend, *he tends* ; tan*t, so much* ; le temp*s, time, weather*.
cen*t, hundred* ; le sang, *blood* ; il sen*t, he feels* ; sans, *without*.
le chan*t, singing* ; le champ, *field* ; -chand (*as in* mar-chand).

N.B.—*Nasal* :—an ;   am-bre ;   le plan ;   Adam.
Not nasal :—â-ne ;   â-me ;   pla-ne ;   da-me.

(2.) **in, ein, ain ; im, aim** (all pronounced alike, <*).

le lin, *flax* ; plein, *full* ; le train ; la main, *hand* ; in-ca-pā-ble ; im-pos-si-ble ; le tein*t, complexion* ; bien, *well* ; rien, *nothing* ; le mien, *mine* ; ancien, *old*.

Notice that the following words in each line are pronounced exactly alike—

fin, *fine* ; la faim, *hunger* ; il fein*t, he feigns*.
le pin, *pine* ; le pain, *bread* ; il pein*t, he paints*.
cinq, *five* ; sain, *wholesome* ; le sein, *bosom* ; il coin*t, he girds*.

N.B.—*Nasal* :—in-clus ;   in-térêt ;   im-pos-si-ble ;   im-por-tan-ce.
Not nasal :—i-nu-ti-le ; i*n*-no-cen*t* ; i-ma-ge ;   im-mo-bi-le.

---

* These geometrical figures represent roughly the respective openings of the mouth for pronouncing the four nasal sounds :—
    an, = < ; in, = < ; on, = < ; un, = <.

(3) on, om (pronounced alike, <).

on, *one, people*; bon, *good*; ton (m.), *thy*;
le mon-de, *world*; le plom*b, lead*; tom-ber, *to fall*;
lon*g*-tem*ps, a long time*; le fond, *bottom*.

The following words in each line are pronounced exactly alike—

non, *no*; le nom, *name*; ils n'ont; *they have not.*
mon, *my*; le mont, *mount*; -mond (as in Rey-mond).
le don, *gift*; donc,* *then*; don*t, whose*; dom*p*-ter, *to blame*.

N.B.—Nasal :—le son, *sound* ;   rond (m.), *round*.
    Not nasal :—*il* son-ne, *it strikes* ; Rhô-ne.

* The c is sometimes pronounced for the sake of stress.

(4) un, um (pronounced alike, <).

un, *one*; brun, *brown*; au-cun, *no one*; défun*t*.

N.B.—Nasal :—l'un, *the one* ; par-fum, *perfume*.
  Not nasal :—la lu-ne, *moon* ; il fu-me, *it smokes*.
    u-na-ni-me ; l'hu-meur.

CONSONANTS WHICH MATERIALLY DIFFER FROM ENGLISH IN PRONUNCIATION.

c = ss, before—e, i, y—

    ce-ci, *this*; ce-la, *that*; le cy-près.
    le ciel (see p. xiii. 2), *sky, heaven*;
    la cein-tu-re, *girdle*.

c = k (1) before—a, o, u; l, r—

    la car-te, *card*; l'oc-ca-sion; le corps, *body*;
    cul-tu-re; la cui-si-ne, *kitchen*; clair, *clear*;
    le cro-co-di-le.

(2) at the end of most words of one syllable—

    sec, *dry*; le sac, *sack*; le suc, *sap*;
        but c is *silent* at the end of a nasal (p. xvii.)—
    franc, *frank*; blanc, *white*; le tronc, *trunk*.

ch = sh :—

    le chat, *cat*; le che-val, *horse*; le chien, *dog*;
    la chu-te, *the fall*; le chou, *cabbage*;
    cher, *dear*; cher-cher, *to seek, search*;
    mé-chant, *wicked*; chu-cho-ter, *to whisper*.

d at the end of most words is *silent*—

    le pied, *foot*; le gland, *acorn*; le renard, *fox*
    (see Nasal Sounds, p. xvii.)

N. B.—d in *liaison* (p. xxvi.) is sounded = t :—grand homme = grantomme.

g = French **j**, before—e, i, y—
   la géo-gra-phie ; le gi-let ; le gym-na-se.

g *is hard* before—a, o, u ; l, r—
   le gan*t*, *glove* ; le gon*d*, *hinge* ; Gustave ; lon-gue (f.), *long* ; la gloi-re, *glory* ; la glu, *glue* ; gre-na-dier.

g *silent* at the end of a word—
   le san*g*, *blood* ; lon*g* ; le doi*gt*, *finger*.

-gn- (something like *nye*)—
   cam-pa-gne, *country, fields, campaign* ; mon-ta-gnar*d*, *mountaineer* ; di-gne, *worthy* ; Bou-lo-gne ; la ré-pu-gnan-ce.

h *silent* at the beginning of most words—
   l'*h*er-be ; l'*h*ui-le, *oil* ; l'*h*om-*me*, *man* ; l'*h*i-ver, *winter* ; l'*h*i-ron-del-le, *swallow*.

h always silent after **t**—
   le t*h*é ; le t*h*éâ-tre ; le t*h*è-me, *exercise*.

h slightly aspirate in words akin to German—
   le harnai*s*, *harness* ; la har-pe ; le ho-mar*d*, *lobster* ; la haie, *hedge*.

    Compare—l'*h*abit ;   cet *h*abit ;   un *h*abit.
               le hareng ;   ce hareng ;   un hareng.

j :—le jar-din, *garden* ; je, *I* ; joli, *pretty* ; le jour, *day* ; le juge, *judge* ; le juif, *Jew*.

il, -ill (so-called *liquid* l = *ye*)—
  le tailleur, *tailor*, = tā-yeur;
  ailleurs, *elsewhere*, = ā-yeur;
  la bataille, *battle*, = ba-ta-ye;
  le réveil, *awakening*, = ré-vè-ye;
  le papillon, *butterfly*, = pa-pi-yon;
  la fille, *girl*, = fi-ye;
  l'o-reille (f.), *ear*, = o-rè-ye;
  pareil, *like*, = pa-rè-ye;
  travailler, *to work*, = tra-va-yé.*

N.B. -il is not liquid after a *consonant*—
  vil, *vile*; le fil, *thread*; mil (mille), *thousand*.

Notice—genti*l*; le fusi*l*, *gun*; l'outi*l* (m.), *tool*; le fi*l*s, *son*.

* Cases in which -il, -ill, are not liquid must be learned by practice. The reason is to be traced to *derivation*:—la fille (*ll* liquid), from Latin filia; but, la ville (*ll* not liquid), from Latin villa.

p, at the beginning or in the middle of a word, is
  generally pronounced as in English; but—
p is mostly *silent* at the end of a word—
  tro*p*, *too, too much*; le cou*p*, *blow, stroke*;
  Thus also, if it is last but one:—
    le printem*ps*, *spring*; les cham*ps*, *fields*;
  prom*pt*.

q, qu = k:—le coq, *cock*; cinq, *five*.
  qui, *who*; quatre, *four*; quatorze, *fourteen*;
  quarante, *forty*; le quart, *quarter*.

r (with sonorous vibration; to be trilled sharply not only at the beginning, but also in the middle and at the end of a word *)—

ra-re; ri-re, *to laugh*; ré-pon-dre, *to reply*; rond, *round*; ron-ron-ner, *to purr*; la rui-ne; par-tir, *to set out*; sor-tir, *to go out*; tra-hir, *to betray*; ré-jouir, *to rejoice*; ra-vir, *to ravish*; le tam-bour, *drum*; à tra-vers, *across*; l'u-ni-vers; le re-mords, *remorse*.

N.B.—In rapid speech, the **r** of the end syllable -tre is more or less slurred before a word beginning with a *consonant*—

notre cheval; votre jardin; quatre livres, etc.
but notre âne; votre habit; quatre heures, etc.

er, -ier, at the end of a word are sounded = -**air**, -**iair**:
(1) always at the end of a word of *one syllable*:—
le fer; la mer; le ver, *worm*; cher, *dear*; fier, *proud*; hier, *yesterday*, = yair.

(2) and at the end of a few words of two or more syllables—l'*h*i-ver, *winter*; a-mer, *bitter*, etc.

-er, -ier, at the end of a word are sounded = -**é**, or -**ié**:
(1) if it is the *infinitive ending* of a Verb:—
par-ler, *to speak*, etc.; fi-er, *to trust*, = fi-é.

(2) in most words of more than one syllable, especially in names of *trades, trees, localities*—
boucher, *butcher*; jardinier, *gardener*; le pommier, *apple-tree*; le clocher, *steeple*.

> * L'r en roulant approche, et, tournant à souhait,
> Reproduit le bruit sourd du rapide rouet ;
> Elle rend d'un seul trait le cours d'une rivière,
> La course d'un torrent, le fracas du tonnerre.

s.

s is sounded *sharp* (1) at the beginning of a word—
son, sa, ses, *his, her*; le sel, *salt*.

(2) before -t, -p, -m, -q, and -c *hard*—
l'es-prit (m.), *spirit*; la sub-stan-ce ; pres-que, *almost*; le pris-me ; l'en-*t*hou-sias-me (m.) ; es-cla-ve, *slave*.

(3) after any consonant—
ob-ser-ve*r*, *to observe* ; ab-sen*t*.

s is sounded *soft* (= z)—(1) between two vowels—
la sai-son, *season* ; le poi-son ; l'u-sa-ge (m.) ; l'oi-seau (m.), *bird* ; le rai-sin, *grape*.

(2) in *liaison* (see p. xxvi.)—
les‿ar-bre*s* ; mes‿*h*abi*ts* ; vos‿ami*s*.

s is *silent* at the *end* of most words (see, however, p.xxvi.)
le*s* ba*s*, *stockings*; me*s* doi*g*t*s*, *my fingers* ; je sui*s*, *I am* ; tu e*s*, *thou art* ; nou*s* som-*mes*, *we are* ; vou*s*‿ête*s*, *you are* ; il*s* son*t*, *they are* ; tou*s*, tou-te*s*, *all* ; Pa-ri*s* ; Lon-dre*s*, *London* ; trè*s*, *very* ; plu*s*, *more*.*

---

* The exceptional cases in which the *final s* is sounded will be noticed as they occur in the course of these Readings.

t.

t, at the *beginning* or in the *middle* of a word, is pronounced as in English; but—

t, at the *end* of a word, is in most cases not sounded (except in *liaison*, p. xxvi.)—

> le po*t*; le mo*t, word*; il es*t, he is*; la par*t, share*; le qua*rt, quarter*; il sor*t, he is going out*, etc.

N.B.—1. In **et,** *and,* the **t** is *always silent,* even if followed by a word beginning with a *vowel* or *silent h.*
2. *Never* sound **th** as in English; **th** is = **t** :—le t*h*é; see **h,** p. xx.

-ti- is sounded like **-si-,**—

(1) in the *noun-endings* -tie, -tience, -tion—
l'a-ri-sto-cra-tie; la pa-tien-ce; la por-tion.

(2) in most *adjective-endings*, as in—
mar-tial; par-tiel; pa-tien*t*; ambi-tieu*x*, etc.

In most other cases **t**, followed by **i**, retains its *hard sound* :—

> Nous par-tions, *we were-starting*;
> vous por-tiez, *you were-carrying*; je sen-tis;
> j'ai sen-ti, *I felt*; l'a-mi-tié (f.), *friendship*;
> en-tier, *whole*; le trent-ième, 30*th*;
> chré-tien, *Christian*; l'or-tie, *nettle*.

X.

(1) **x,** = **ks**, in most cases—
   ex-té-rieur; ex-près; le lu-xe, *luxury*.

(2) **x,** = **gs**, in ex- followed by a *vowel* or *silent h*—
   l'e-xem-ple (m.); ex-hor-ter; le le-xi-que, *lexicon*.

(3) **x,** = **z**, in — deuxième, sixième, dixième, dix-huit, dix-neuf; and in *liaisons*—
   deux‿oranges; doux‿espoir, *fond hope*; six‿arbres; je veux‿aller, *I want to go*.

(4) **x,** = **ss**, in—soixante, *sixty*; also in—six, dix, standing alone: as, six e*t* dix fon*t* seize; and in a few names of *towns*—Bruxe*ll*es, etc.

(5) **x** *silent* at the end of a word—
   doux, *sweet*; la paix, *peace*; la noix, *the walnut*; je veux, *I will*.

Z.

(1) **z**, at the beginning and in the middle of a word, is pronounced as in English: le zèle, *zeal*.

(2) **z**, at the end of a word, is mostly *silent*—
   le nez, *nose*; chez, *at the house of*.

LIAISON (BINDING OF WORDS).*

Les‿amis ; mes‿habits : est‿il ?

When a word ending in a *consonant* is followed by a word beginning with a *vowel* or *silent h*, the end consonant may be drawn over to the next word, so that the two words sound like one, provided there is a close connection between them ; as, for instance—

(*a*) between *article* and *noun*—
  les‿heures, = lèzeur ; un‿homme, = eunom'.

(*b*) between *adjective* and *noun*—
  bon‿enfant, = bo-nan-fan ; ces‿arbres, = cèsarbr ; cet‿or, = cètor ; huit‿heures, = uiteur.

(*c*) *personal pronoun* and *verb*—
  ils‿aiment, = ilzaim' ; nous‿honorons = nouzonoron ; sait‿il ? *does he know* ?

(*d*) *auxiliary verb* and *participle perfect*—
  nous sommes‿arrivés ; vous‿êtes‿attendus.

(*e*) *verb* and *complement*—Elle est‿heureuse.

(*f*) *adverb* and *verb* or *adjective*—bien‿aimé ; fort‿aise.

(*g*) *preposition* and *complement*—chez‿elles ; en‿Italie.

Notice that in *liaison*—
-d is sounded like -t :—vend-il = vantil.
-c, -g are sounded like -k :—long‿usage = lonkusage.
-s, -x are sounded like -z :—nous‿avons = nouzavon.
-rt, -rs, -rd, the r alone is drawn over :—lourd‿à porter ; alors‿il me dit, *then he said to me.*

---

* For full particulars see *Companion to Macmillan's Progressive French Course*, First Year, p. 18.

Notice—

(1) that letters in *Italics* must not be pronounced ; thus—
 -*es* is not pronounced at all :—tout*es* = tout ;
 -es is pronounced = ê :—les = lê ; mes = mê ;
 -*ent* is not pronounced :—ils trouv*ent* = trouv ;
 -en*t* is pronounced = an ; souven*t* = souvan ;
 -e*r*, ez, are pronounced = é :—mange*r*, mange*z* = mangé ;
 -er is pronounced = air :—l'*h*iver = livair.

(2) that a ‿ between two words indicates that the *end-consonant* of the first word must be drawn over to the next word beginning with a *vowel* or a *silent h* : thus :—

    les‿arbr*es*,   *is sounded like* lèsarbr'.
    ces‿*h*om*mes*,   ,,   sèzom'.
    sep*t*‿*h*eu*res*,   ,,   sèteur'.
    sal*le*‿à mange*r*   ,,   salamangé.

1. Le Réveil.

' Mon cher ami,
As-tu bien dormi ? '—
' Oui, Dieu merci,
J'ai bien dormi !
Et me voici
Tout éveillé ;
Émerveillé
De mes beaux songes :
Hélas !—mensonges ! '

ABBREVIATIONS.

condit.	*stands for*	Conditional.	m. or masc.	*stands for*	masculine gender.
f. *or* fem.	,,	feminine gender.	P. P.	,,	Past Participle.
Fut.	,,	Future.	Part.	,,	Participle.
Impf.	,,	Imperfect past tense.	plur.	,,	plural number.
lit.	,,	literally; *that is*, word for word.	Pres.	,,	Present.
			Perf.	,,	Perfect.

N.B.—For the significance of *italic letters* in the text, see the important Notice on p. 1.

1. The Awakening.

LINE
1 **Mon cher ami**, *my dear friend*.
2 **as-tu dormi ?** *hast thou* (or, *have you*) *slept ?* **bien**, *well*.
3 **oui**, *yes*; **Dieu**, *God*; **Dieu merci**, *thank God*.
4 **j'ai**, *I have* (**j'**, instead of **je**, before a verb beginning with a *vowel* or *silent h*).
5 **Et me voici**, *and now I am* (lit. *and see-me-here*; otherwise **voici** means *here-is*, or, *here-are*).
6 **tout éveillé**, *wide awake* (tout, *all*, *whole*, or, *quite*).
7 **émerveillé de**, *amazed at* . . . (**de** generally means *of*, or, *from*).
8 **mes beaux songes*** (plural of **mon beau songe**), *my beautiful dreams*.
9 **hélas!** *alas*; **mensonges,*** here *idle fancies, bubbles* (le mensonge, *the lie, untruth, falsehood*).

* Most *Nouns* and *Adjectives* take **s** in the *plural*; those ending in **-eau** take **x**.

PRESENT TENSE OF **avoir**, *to have* :—

j'ai, *I have*.	**ai-je ?** *have I ?*
tu as, *thou hast*, or, *you have*.	**as-tu ?** *hast thou ? have you ?*
il a, *he has*, or, *it has*.	**a-t-il ?** *has he* (or, *it*) *?*
elle a, *she has*, or, *it has*.	**a-t-elle ?** *has she* (or, *it*) *?*
nous‿avons, *we have*.	**avons-nous ?** *have we ?*
vous‿avez, *you have*.	**avez-vous ?** *have you ?*
ils‿ont, *they* (m.) *have*.	**ont-ils ?** *have they ?*
elles‿ont, *they* (f.) *have*.	**ont-elles ?** *have they ?*

2. Un, Deux, Trois.

Un, deux, trois,
J'irai dans le bois ;
Quatre, cinq, six (*x* here = *ss*),
Cueillir du cassis ;
Sept, huit, neuf,
Dans mon panier neuf ;
Dix, onze, douze, treize,
Quatorze, quinze, seize ;

1a. Les Couleurs.

Blanc com*me* le lai*t*,	*white as milk.*
Noir comme le jai*s*,	*black ; jet.*
Ver*t* comme pe*rr*oque*t*,	*green ; parrot.*
Rouge comme le feu,	*red ; fire.*
Bleu comme le*s* cieu*x*,	*blue ; skies.*
Jaune comme citron,	*yellow ; lemon.*
Brun comme marron,	*brown ; chestnut.*
Gri*s* comme souri*s*,	*gray ; mouse.*
Sombre comme la nui*t*.	*dark ; night.*

2. One, Two, Three.

LINE

2 **J'irai,** *I shall-go* (aller, *to go*).
   dans le bois,* *in* (or, *into*) *the wood.*

3 *four, five, six.*

4 **cueillir,** *to gather* ; **du cassis,** *some black-currants.*

5 *seven, eight, nine.*

6 **mon panier neuf,** *my new basket* (most *Adjectives*, in French, are put *after* their Noun).

7 *ten, eleven, twelve, thirteen.*

8 *fourteen, fifteen, sixteen.*

* The French for *the* is—
   le before a *masculine Noun* singular :—**le** père, *the father.*
   la before a *feminine Noun* singular :—**la** mère, *the mother.*
As there is *no neuter gender* in French, all Nouns are either *masc.* or *fem.*, even when they mean things of no sex :—**le** doig*t*, *the finger* ; **la** main, *the hand.*

Dix-sept et dix-huit … (x here = z)
Eh bien, ensuite ?—   10
Dix-neuf et vingt,
Voilà la fin !—

3. Les Jours de la Semaine.

' Bonjour Lundi ! *
Comment va Mardi ? '—
' Très bien, Mercredi !
Je viens de la part de Jeudi
Dire à Vendredi   5
De se tenir prêt samedi
D'aller à l'église dimanche !'

* The *days of the week*, in French, are generally spelt with a small letter ; capital letters are used in the text, because they stand as *Proper names of persons*.

4. L'Enfant gâté.

Enfant gâté,
Veux-tu du pâté ?—
Non, ma mère, il est trop salé.
Veux-tu du rôti ?—
Non, ma mère, il est trop cuit.   5
Veux-tu de la salade ?—
Non, ma mère, elle est trop fade.
Veux-tu du pain ?—
Non, je n'ai pas faim.

WEEKDAYS—THE SPOILED CHILD

LINE
9 *seventeen and eighteen.*
10 **eh bien!** *well now!* **ensuite?** *what next?* 11 *nineteen and twenty.*
12 **voilà,** *there-is,* or, *there-are* (lit. *see-there*) ; **la fin,*** *the end.*
* See line 2.

3. The Days * of the Week.

1 **bonjour,** *good-day* ; **lundi,** *Monday.*
2 **comment** (pron. =coman, see Introd. p. xvii.) ; **va,** *goes* ; here *is . . .
   doing?* (3d pers. sing. of **aller,** *to go,* see line 7).
3 **très bien,** *very well* ; **mercredi,** *Wednesday.*
4 **je viens,** *I come,* or, *I am-coming* (venir, *to come*).
   de la part de, *from the part of* ; **jeudi,** *Thursday.*
5 **dire,** *to tell* ; **à,** *to* ; **vendredi,** *Friday.*   [*Saturday.*
6 **de . . . tenir,** *to hold, keep* ; **se,** *himself* ; **prêt,** *ready* ; **samedi,**
7 **d'aller,** or, **à aller,** *to go* ;*'**l'église,†** *the church.*

  * The French for *the* before *all Nouns in the plural* is **les**:—
      masc. **le** jour, *the day* ; **les** jours, *the days.*
      fem. **la** main, *the hand* ; **les** mains, *the hands.*

  † The French for *the* before a Noun (*masc.* or *fem. singular*) beginning with a
vowel or *silent h*, is **l'** instead of **le** or **la**:—
      masc. **l'ami,** *the friend,* instead of—le ami.
      fem. **l'église,** *the church,* instead of—la église ;
but in the *plural* always **les**:—les‿amis ; les‿églises.

4. The Spoiled Child.

1 **l'enfant** (m. or f.), *the child* ; **gâté,** *spoiled.*   [or, *patty.*
2 **veux-tu?** *do you want* (lit. *wantest-thou*)? **du pâté,*** *some pie,*
3 **non,** *no* ; **ma mère,** *my mother* ; **il est,†** *it is.*
3–4 **trop salé,** *too salt* ; **le rôti,*** *the roast-meat.*
5–6 **trop cuit,** *overdone* ; **de la salade,*** *some* (or, *any*) *salad.*
7 **elle est,†** *it is* ; **fade,** *tasteless.*
8–9 **le pain,*** *the bread* ; **je n'ai pas faim** (pronounce=fin, see p. xvii, 2),
     I am not hungry (lit. *I have not hunger*).

  * The French for *some* or *any* is—
    Singular—**du,** before a Noun *masc.* :—   **du** vin, *some (any) wine.*
         de la,   „   *fem.* :—   **de la** bière, *some (any) beer.*
         de l',   „   *m.* or *f.* beginning ⎱ **de l'**or, m., *some (any) gold.*
             with a *vowel* or h *mute*   ⎰ **de l'**huile, f., *some (any) oil.*
    Plural—**des,** before *all Nouns,* ⎱ **des** amis, *some (any) friends.*
             both *masc.* and *fem.* ⎰ **des** dames, *some (any) ladies.*

  † The French for *he* is **il**; *she* is **elle**. The French for *it,* before a Verb is—
      il, if the French Noun for which it stands is *masculine* :—
         Voilà du pain, **il** est bon. There is some bread, *it* is good.
      elle, if the French Noun for which it stands is *feminine* :—
         Voilà de l'eau (*f.*), **elle** est bonne. There is water, *it* is good.

Enfant gâté,   10
Tu ne veux rien manger !
Enfant gâté,
Tu seras fouetté (pronounce = fouaté).

5. La Dame Tartine.

Il était une dame Tartine
Dans un beau château de beurre frais ;
Les murailles étaient de pralines,
Le parquet était de croquet ;
La chambre à coucher   5
De crême et de lait ;
Le lit de biscuit
Fort bon pour la nuit.

Son mari, monsieur Pain-d'épice,
Avait des souliers de bonbons,   10
Sa chevelure était de réglisse ;
Son pantalon
De fins macarons ;
Joli petit bas
De frais chocolat ;   15
La salle à manger
Était de pâtés.

DAME (LADY) BREAD-AND-BUTTER 9

LINE
11 tu... veux, *you will*; ne... rien, *not anything*, or, *nothing*; manger, (*to*) *eat*.
12 tu seras, *you shall-be* (or, *will-be*); fouetté, *flogged, whipped.*

5. Dame (Lady) Bread-and-Butter.

1 il était, here *there was* (otherwise—*he was*, or, *it was*). une dame,* *a lady*.
2 un beau château, *a fine castle*; le beurre, *the butter*; frais, *fresh*.
3 la muraille, *the wall*; la praline, *burnt-almond*.
4 le parquet, *the inlaid-floor*; le croquet, *the biscuit, cracker*.
5 la chambre à coucher, *the bed-room* (lit. *the room to lie-down in*).
6 la crême, *the cream*; le lait, *the milk*.
7 le lit, *the bed*; le biscuit, *biscuit*.
8 fort, *very* (lit. *strong*, or, *strongly*); bon, *good*; la nuit, *night*.
9 son mari,† *her husband* (son may mean *his*, or *her*, or *its*); monsieur, *Mr.*, or *Sir*, or *gentleman*.
  le pain-d'épice, *ginger-bread* (l'épice, f., lit. *spice*).
10 avait, *had*; des souliers (m.), *shoes*; le bonbon, *sweetmeat*.
11 sa chevelure, *his hair*, or, *head-of-hair*; la réglisse, *liquorice*.
12-13 son pantalon, *his trousers*; fin, *fine*; le macaron, *macaroon*.
14 joli, *pretty*; petit, *little*; le bas, *the stocking*.
16 la salle à manger, *the dining-room* (lit. *the room to eat in*).

* The French for *a* or *an* is—
  un, before a *masc.* Noun:—le mur, *the wall*; un mur, *a wall*.
  une, ,, *fem.* Noun:—la nuit, *the night*; une nuit, *a night*.
† The French for *my, thy (your), his, her, its,* is—

mon, ton, son, before a *masc.* Noun singular:—
mon ami, *my friend*.
ton ami, *thy (your) friend*.
son ami, *his* or *her friend*.

ma, ta, sa, before a *fem.* Noun singular:—
ma tante, *my aunt*.
ta tante, *thy (your) aunt*.
sa tante, *his* or *her aunt*.

mes, tes, ses, before *all Nouns* (m. and f.) in the *Plural*:—
  mes amis, mes tantes, *my friends, my aunts*.
  tes amis, tes tantes, *thy (your) friends, aunts*.
  ses amis, ses tantes, *his (her) friends, aunts*.

6. Les Trois Braves.

Trois lapins pleins de courage
Étaient avides de carnage.

Ils ont juré de faire un coup,
Et de mettre à mort le vieux loup.

À sa dame chacun d'eux jure 5
De lui rapporter la fourrure.

Chacun d'eux en partant promet
La queue à son fils pour plumet.

Ils arrivent, tambour en tête,
Au fourré de la grande bête. 10

5a. Qui sème bon grain
Récolte bon pain.

qui, here for **celui qui,** *he who* ; **sème,** *sows.*
récolte, *gathers.*

---

6. The Three Brave-ones.

LINE
1 **le lapin,** *rabbit* ; **pleins * de,** *full of* ; **le courage,** *courage.*
2 **avide de,** *eager for* ; **le carnage,** *slaughter.*
3 **ils ont juré,** *they have sworn* . . .
 de faire un coup, *to strike a blow* ; (**faire,** lit. *to do,* or, *to make*).
4 **mettre à mort,** *to put to death* ; **le vieux loup,** *the old wolf.*
5 **à sa dame,** *to his lady* ; **chacun d'eux,** *each of them* ; **jure,** *vows.*
6 **de rapporter,** *to bring-back* ; **lui,** *to-him,* or, *to-her.*
 la fourrure, *fur,* or, *furred-gown.*
7 **en partant,** *on leaving* (**en,** lit. *in*) ; **promet,** *promises* (promettre, *to promise*).
8 **la queue,** *the tail* ; **le fils,** *the son* ; **pour,** *for,* or, *as a.*
 le plumet, *plume, feather, tuft-of-feathers.*
9 **ils arrivent,** *they arrive* (arriv-er,† *to arrive*).
 le tambour, *drum,* or, *drummer* ; **en tête,** *ahead* (la tête, *the head*).
10 **au fourré,** *in-the thicket,* or, *lair* ;
 (**à,** *to,* or, *in,* followed by **le,** *the,* = **au,** *to-the,* or *in-the*).
 la grande‡ bête, *the great beast.*

* The Adjective **plein** here takes the *sign of the plural* -**s**, because it relates to a *Noun which is plural*—**trois lapins.**

† PRESENT TENSE of a Regular Verb of the *first Conjugation* (that is, a Verb ending in -**er** in the *Infinitive*) :—

	INFINITIVE :—**arriv-er,**	*to arrive* ; PAST PART. :—**arriv-é,** *arrived.*
1.	**j'arriv-e,**	*I arrive,* or, *I am-arriving,* or, *I do-arrive.*
2.	**tu arriv-es,**	*thou arrivest* (or, *you arrive*), etc.
3.	{ **il arriv-e,**	*he* (or, *it*) *arrives, he* (*it*) *is-arriving.*
	{ **elle arriv-e,**	*she* (or, *it*) *arrives,* etc.
1.	**nous_arriv-ons,**	*we arrive,* or, *we are-arriving.*
2.	**vous_arriv-ez** (**ez** pronounced = **é**), *you arrive,* etc.	
3.	{ **ils_arriv-ent,**	} *they arrive,* or, *are-arriving* (-**ent** not sounded).
	{ **elles_arriv-ent,**	

If the Subject is a *Noun,* put the Verb in the 3d person :—
 le loup arriv-e, les loups arriv-ent.

‡ The Adjective **grand** here takes the *sign of the feminine* -**e**, because it relates to a *Noun which is feminine*—**la bête** ; such is the practice in French.

Juste en ce temps le loup rentrait,
Un bout de queue encor sortait.

Les trois braves, comme un seul lièvre,
Tournent, et rapportent . . . la fièvre.

Ch. Marelle.

7. La bonne Aventure.

Je suis un petit garçon
  De bonne figure,
Qui aime bien les bonbons
  Et les confitures.
Si vous voulez m'en donner,   5
Je saurai bien les manger !
    La bonne aventure,
      O gai !
    La bonne aventure !

Je serai sage et bien bon,   10
  Pour plaire à ma mère ;
Je saurai bien ma leçon,
  Pour plaire à mon père.
Je veux bien les contenter,
Et s'ils veulent m'embrasser,   15

LINE
11 **juste en ce temps,** *just then* (lit. *just in that time*).
   rentr-ait, *was-returning-home* (rentr-er, *to enter again*).
12 **le bout,** *end, tip, bit* ; **encor** (in poetry, for **encore**), *still,* or, *yet* ;
   sort-ait, *was-standing-out* (sort-ir, *to go-out*).
13 **comme,** *like* ; **un seul,** *a single* ; **le lièvre,** *the hare.*
14 **tourn-er,*** *to turn one's back,* or, *wheel about.*
   rapport-er,* *to bring-back* ; **la fièvre,** *the fever.*

* See line 9.

7. The Good Fortune.

1 **je suis,*** *I am* ; **un petit garçon,** *a little boy* (*lad*).
2 **bonne** (fem. of **bon**), *good* ; **la figure,** *figure, looks.*
3 **qui,** *who* (or, *that,* or, *which*); **aim-e,** *likes,* or, *loves,* or, *is fond of*
   (aim-er, *to love*) ; **bien,** *well,* or, *very much.*
4 **la confiture,** *preserve,* or, *jam* ; (le confiseur, *confectioner*).
5 **si,** *if* ; **vous voul-ez,** *you will* (voul-oir, *to wish, want* ; *will*) ;
   m'en donn-er,† *give me some* (lit. *to-me some give*).
6 **je saurai,** *I shall-know* ; here add—*how to* ; (sav-oir, *to know*) ;
   les, *them.* †
8 **o gai!** *cheer!* **tol-de-rol-lol!** (gai, adjective, *gay, merry*).
9 **la bonne aventure,** say here *What a good fortune!*
10 **je serai,** *I shall-be* (Future of **être,** *to-be*) ; **sage et bien bon,**
    a very good boy (**sage,** lit. *wise* ; *well-behaved*).
11 **pour,** before a Verb, *in-order-to* ; **plaire à,** *please.*
12 **la leçon,** *lesson.*
14 **je veux,** *I will,* or, *I wish-to* (voul-oir, see l. 5) ; **les,** see l. 6 ;
    contenter, *to gratify.*
15 **si,** *if* ; before **il** or **ils** only = **s'** ; **ils veulent,** *they will,* see l. 5 ;
    m', before a vowel, for **me,** *me,* see l. 6 ; **embrasser,** *to embrace.*

* PRESENT TENSE of **être,** *to be* :—

je suis,	*I am.*	suis-je ?	*Am I?*
tu es,	*thou art, you are.*	es-tu ?	*art thou? are you?*
il est,	*he is.*	est-il ?	*is he?*
elle est,	*she is.*	est-elle ?	*is she?*
nous sommes,	*we are.*	sommes-nous ?	*are we?*
vous êtes,	*you are.*	êtes-vous ?	*are you?*
ils (elles) sont,	*they are.*	sont-ils (-elles) ?	*are they?*

† When the *object* of a Verb is a *Personal Pronoun,* it is put *before* the Verb :—
J'aime, *I love.*—Je les aime, *I love them.*

La bonne aventure,
O gai !
La bonne aventure !

Lorsque les petits garçons
    Sont gentils et sages,   20
On leur donne des bonbons,
    De belles images ;
Mais quand ils se font gronder,
C'est le fouet qu'il faut donner :
    La triste aventure,   25
    O gai !
    La triste aventure !

8. La Ville de Paris renversée.

Dans Paris, il y a une rue ;
Dans cette rue, il y a une maison ;
Dans cette maison, il y a un escalier ;
Dans cet escalier, il y a une chambre ;
Dans cette chambre, il y a une table ;   5
Sur cette table, il y a un tapis ;
Sur ce tapis, il y a une cage ;
Dans cette cage, il y a un nid ;

LINE
19 **lorsque,** *when.* 20, **gentil,** *well-behaved.*
21 **on,** *one* ; **leur,** *to-them,* put before the Verb, see l. 6.
22 **de,** here *some* (which may be left out in English).
   belles, feminine plural of **beau,** *fine, beautiful,* relating to the feminine plural Noun—**images,** *pictures.*
23 **mais,** *but,* or, *however* ; **quand,** *when* ; **ils se font gronder,** *they get themselves scolded* ; (**ils font,** lit. *they make,* or, *they do*).
24 **c'est,** *it is* ; **le fouet** (pronounced = **foua**), *whip.*
   il faut, *it is-necessary,* or, *one must.*
25 **triste,** *sad,* or, *woeful.*

7a. Ah, quel combat
    Entre chien et chat
    Chien mordit chat ;
    Chat griffa chien :—
    'Je te le rend-s bien !'   5

1 **quel,** *what a* ... ; **le combat,** *fight.*
2 **entre,** *between* ; **le chien,** *dog* ; **le chat,** *cat.*
3-4 **mord-it,** *bit* (mord-re, *to bite*) ; **griff-a,** *scratched.*
5 *I pay you out with interest* (rend-re, *to render*) ;
  (lit. *I to-thee it render well*).

8. The City of Paris upset.

1 **il y a,** *there is,* or, *there are* ; **la rue,** *street.*
2-3 **cette** * (f.), *this* ; **la maison,** *house* ; **l'escalier** (m.), *stairs.*
6 **sur,** *upon, on* ; **le tapis,** *table-cover* (or, *the carpet*).
8 **le nid,** *nest.*

* The French for *this* or *that* is—
    ce, before a Noun *masc.* :— **ce** garçon, *this (that) boy.*
    cet, „   „   *masc.*, ⎫
       beginning with a *vowel*   ⎬ **cet** ami, *this (that) friend.*
       or *h mute,*   ⎭
    cette, before a Noun *fem.* :—**cette** dame, *this (that) lady.*
The French for *these* or *those* is—
    ces, before *all Nouns* (m. and f.) :—
    m. **ces** garçons, *these (those) boys* ; **ces** amis, *these (those) friends.*
    f. **ces** dames, *these (those) ladies* ; **ces** herbes, *these (those) herbs* ; *grasses.*

Dans ce nid, il y a un œuf ;
Dans cet œuf, il y a un oiseau.

   L'oiseau renversa l'œuf ;
   L'œuf renversa le nid ;
   Le nid renversa la cage ;
   La cage renversa le tapis ;
   Le tapis renversa la table ;
   La table renversa la chambre ;
   La chambre renversa l'escalier ;
   L'escalier renversa la maison ;
   La maison renversa la rue ;
   La rue renversa la ville de Paris.

9. Le Coq et la Perle.

Un jour, un coq détourna
Une perle, qu'il donna
Au beau premier lapidaire.
'Je la crois fine,' dit-il ;
'Mais le moindre grain de mil
Serait bien mieux mon affaire.'

LINE
9-10 l'œuf, *egg* ; l'oiseau, *bird*.
11 renvers-a,* *upset* (renvers-er, *to upset*).

* PAST TENSE of a Verb of the *First Conjugation* :—

INFINITIVE :—	donn-er,	*to give.* PAST PART. donn-é, *given.*
1. je	donn-ai,	*I gave.*
2. tu	donn-as,	*thou gavest*, or, *you gave.*
3. il (elle)	donn-a,	*he (she) gave.*
1. nous	donn-âmes,	*we gave.*
2. vous	donn-âtes,	*you gave.*
3. ils (elles)	donn-èrent,	*they gave.*

8a. Allons, courage !   *Let-us go !* say here—*come !*
    A l'ouvrage !   *to (the) work.*
    A nos places   *to our seats.*
    Dans les classes !   *classes.*
    Soyons chacun le premier, *let-us-be, each, the first.*
    Aucun ne sera le dernier ! *no one will-be the last.*

9. The Cock and the Pearl.

1 **détourner**, here *to turn-up* (lit. *to turn-aside*).
2 **qu'**, before a *vowel* or *silent h*, for **que**, *which.*
3 **au**, for **à le**,* *to-the* ; **le premier lapidaire**, *the first jeweller.*
   beau, lit. *fine* ; here, **le beau premier l.**, *the nearest j. at hand.*
4 **je la crois**, *I believe it-to-be* (**croire**, *to believe*, or, *to think*).
   la, *her*, here *it*, that is, *the pearl* ; **la**, *her* or *it*, put before the Verb,
   see l. 6 ; **dit-il**, *said he* (**dire**, *to say*).
   fin-e, fem. of **fin**, *fine, genuine.*
5 **le moindre**, *the least*, here *smallest* ; **le mil**, *millet.*
6 **serait**, *would-be* ; **bien mieux**, *much better*, or, *much more.*
   mon affaire (f.),† lit. *my business* (that is, *the thing for me*).

* **au**, for—à le (masc.), *to the* :—   **au** frère, *to-the brother.*
  aux, for—à les (m. and f.), *to the* :—   **aux** frères, *to-the brothers.*
  du, for—de le (masc.), *of (from) the* :—**du** frère, *of-the brother*, or, *the brother's.*
  des, for—de les (m. and f.), *of (from) the* :—**des** frères, *of-the brothers*, or, *the brothers'.*

† **mon, ton, son** are used instead of **ma, ta, sa**, before *feminine* Nouns beginning with a *vowel* or *silent h*.

C

10. La Ronde des Fleurs.

(Une bande de petites filles se partage en deux ; les unes doivent former une ronde ; les autres, auxquelles on a distribué d'avance certains noms de fleurs, se tiennent à distance et se présentent successivement pour demander à entrer dans la danse.)

La première fleur se présentant :

La rose :—C'est moi qui suis la rose ;
Mon nom est ma couleur ;
Au doux printemps éclose,
Je suis reine des fleurs.

Les petites filles de la ronde, en chœur (*ch* = *k*) :

Venez, venez, charmante ;
A nos jeux mêlez-vous.

5

9a. Qui voudrait bien être borgne ?—Un aveugle.

voudrait bien, *would-like* ; **borgne,** *one-eyed* ; **aveugle,** *blind*.

10. The Round Game of Flowers.

(A company of little girls divides into two parties; some of them are to form a round ; the others, to whom certain names of flowers have been distributed beforehand, keep at a distance, and come forward one after the other to ask to join the dance.)

LINE

1 **moi,** *I* (**moi** stands for *I*, when no Verb stands immediately after or before) :—
   I am, **je suis.**—*Am I?* **Suis-je ?**
   I who am your friend. **Moi, qui suis votre ami.**

2 **le nom** (pronounced = **non**), *name* ; **la couleur,** *colour*.
3 **doux,** *sweet, gentle* ; **le printemps,** *spring-time* ; **éclos(e),** *full-blown*.
4 **la reine,** *queen* ; **le chœur,** *chorus, choir* (here ch = k).
5 **venez,** *come* (Imperative of **ven-ir,** *to come*) ; **charmant(e),** *charming one.*
6 **le jeu,** *game, play* (Nouns ending in **eu** or **eau** take **x** in the plural); **mêlez-vous,** *join in* (Imperative of **se mêler,** *to mix*).*

   * PRESENT TENSE of a *Reflexive* Verb :—

INFINITIVE :—**se lav-er,** *to wash one's self.*
   je me lave, *I wash myself,* or, *I am washing myself.*
   tu te laves, *thou washest thyself,* or, *you wash yourself.*
   il se lave, *he* (or, *it*) *washes himself* (or, *itself*).
   elle se lave, *she washes herself.*
   nous nous lavons, *we wash ourselves.*
   vous vous lavez, *you wash yourselves.*
   ils (elles) se lavent, *they wash themselves.*

       IMPERATIVE :—
   lave-toi ! *wash thyself,* or, *wash yourself !*
   lavons-nous ! *let us wash ourselves !*
   lavez-vous ! *wash yourselves !*

Many Verbs which are *reflexive* in French are not used reflexively in English :—
   Je me rappelle, *I remember.*

Venez, fleur odorante,
Et jouez avec nous.

La rose prend sa place dans la ronde, puis le chœur reprend :

Dansons, chantons en chœur,
Pâquerettes, violettes ;   10
Dansons, chantons en chœur,
Chantons la chanson des fleurs,
Et répétons : Vivent les fleurs !

La marguerite :—Je suis la marguerite,
Qui pousse dans les champs ;   15
Ma fleur blanche et petite
Annonce le printemps.

—Venez, venez, charmante ;
A nos jeux mêlez-vous.
Venez, fleur odorante,   20
Et jouez avec nous.
Dansons, etc.

La ciguë :—Je ressemble au cerfeuil ;
La ciguë est mon nom.
Malheur à qui me cueille !   25
Mon suc est un poison.

LINE
7-8 **odorant(e)**, *fragrant, sweet* ; **jou-er**, *to play* ; **nous** (object), *us*.
prend, *takes* (prend-re, *to take*); **puis**, *then* ; **reprend**, *begins-again*.
9 **dans-er,*** *to dance* ; **chant-er**, *to sing*.
10 **la pâquerette**, *Easter daisy* ; **la violette**, *violet*.
12-13 **la chanson**, *song* ; **répét-er**, *to repeat* ; **viv-ent**, *long-live*, plur. ; (vive ! *long live!* singular).
15 **pouss-er**, here *to grow, to shoot* (lit. *to push*).
le champ (pronounce = chan, see p. xvii, 1), *field*.
16 **blanche** (fem. of **blanc**), *white* ; **annonc-er**, *to announce, to herald*.
23 **la ciguë**, *hemlock* (a poisonous plant); **ressembl-er à**, *to resemble, to be like, to bear a likeness to* ; **le cerfeuil**, *chervil*.
25 **malheur à**, *woe to* (le malheur, *misfortune, ill-luck*) ; **à qui**, here for—**à celui qui**, *to him-who*, or, **à celle qui**, *to her-who* ; **cueill-e** (pronounce = keu-ye), *gathers, plucks* ; (cueill-ir, *to gather*).
26 **le suc**, *juice*.

* Imperative—**Dans-e**, *dance (thou)*! **Dans-ons!** *let-us-dance !*
Dans-ez, *dance ye!*

10a. Quelle *est* la mignon*ne* maison
Qu*i* n'a ni fenêtre ni porte ?
Pour qu*e* le peti*t* maître en sorte
Il fau*t* qu'il perce la cloison !—[ˈʃuʋɩʈ]

1 **quelle** (f.), *what* ; **mignon-ne** (f.), *tiny*.
2 **n' . . . ni . . . ni**, *neither . . . nor* ; **la fenêtre**, *window*.
3 **pour que**, *in order that* ; **le maître**, *master*.
en, *of-it* ; **sort-e**, *may-come-out*.
4 **il faut que**, *it is-necessary that* ; **perc-er**, *to pierce*.
la cloison, *partition*.

—Fuyez, mauvaise plante ;
Allons, éloignez-vous ;
Vous êtes trop méchante
Pour jouer avec nous. 30
Dansons, etc.

L'ortie :—C'est moi qui suis l'ortie,
Qui croît dans les chemins ;
Je pique l'étourdie
Qui me donne sa main. 35

—Fuyez, mauvaise plante ;
Allons, éloignez-vous ;
Vous êtes trop méchante
Pour jouer avec nous.
Dansons, etc. 40

Le lis :—Je suis le lis qui penche
Son calice si beau ;
Ma corne toute blanche
Se mire dans les eaux.

—Venez, venez, charmante ; 45
A nos jeux mêlez-vous ;
Venez, fleur odorante,
Et jouez avec nous.
Dansons, etc.

LINE
27 **fuyez**, *go-away*, or, *take thyself off* (**fuir**, lit. *to flee*).
mauvais(e), *bad, wicked.*
28-29 **all-ons** (lit. *let-us-go*), here *now then!* **éloignez-vous**,* *be off*;
méchant(e), *wicked one.*
32-33 **l'ortie** (f.), *nettle*; **croit**, *grows* (**croît**-re, *to grow*).
le chemin, *road*, or, *roadside.*
34 **piqu-er**, *to sting, to prick*; **l'étourdi(e)**, *giddy-head* (lit. *giddy-one*).
35 **la main**, *hand.*
41 **le lis** (*s* sounded), *lily*; **pench-er**, *to incline, to bend.*
42 **le calice**, *cup*; **si** (Adverb), *so.*
43 **la corne**, *horn*; **toute**, here *quite.*
44 **se mire**, *is reflected* (lit. *reflects itself*); **les eaux**, *the waters*
(**l'eau**, f., *water*).
* See line 9.

10b. Énigme.

Je suis dans les airs;
On m'attend sur la terre
Quand gronde le tonnerre,
Quand brillent les éclairs.

L'été, je suis liquide,   5
L'hiver, blanche et solide,
Et dans toute saison
Une douce boisson!—[ˈnwəˌʒ]

1-2 **l'air** (m.), *air*; **attendre**, *to expect*; **la terre**, *earth.*
3 **grond-er**, here *to roar*; **le tonnerre**, *thunder.*
4 **brill-er**, here *to flash*; **l'éclair** (m.), *lightning.*
5 **l'été** (m.), *summer*; **liquide**, *liquid.*
6 **l'hiver**, *winter*; **blanche** (fem. of **blanc**), *white.*
7 **tout-e** (f.), *every*; **la saison**, *season.*
8 **douce** (fem. of **doux**), *sweet*; **la boisson**, *beverage.*

11. Randonnée.

Ah! tu sortiras, biquette, biquette,
Ah! tu sortiras de ces choux-là!

Il faut aller chercher le loup.
Le loup ne veut pas manger biquette,
Biquette ne veut pas sortir des choux.   5

Ah! tu sortiras, biquette, biquette,
Ah! tu sortiras de ces choux-là.

Il faut aller chercher le chien.
Le chien ne veut pas mordre le loup,
Le loup ne veut pas manger biquette,   10
Biquette ne veut pas sortir des choux.

Ah! tu sortiras, biquette, biquette,
Ah! tu sortiras de ces choux-là.

Il faut aller chercher le bâton.
Le bâton ne veut pas battre le chien,   15
Le chien ne veut pas mordre le loup,
Le loup ne veut pas manger biquette,
Biquette ne veut pas sortir des choux.

Ah! tu sortiras, biquette, biquette,
Ah! tu sortiras de ces choux-là.   20

10c. Les Goûts.

Doux comme miel,	*sweet ; honey.*
Amer comme fiel,	*bitter ; gall.*
Âcre comme sel,	*sharp ; salt.*
Âpre comme prunelle,	*tart ; sloe.*
Aigre comme vinaigre,	*sour ; vinegar.*

---

11. The Roundabout Way (Circuit).

LINE
1-2 **tu sortir-as,*** *you shall-come-out* (Future of **sort-ir,** *to go-out*) ; **la biquette,** *kid* ; **le chou,** *cabbage* ; **ces . . . là,** *those . . . there* (**ces . . . ci,** *these . . . here*).

3 **aller chercher,** *to go and fetch* (cherch-er, *to search, seek, look for*).

4 **veut,** *will* (voul-oir, *to wish, to want, to be-willing*).

8 **le chien,** *dog.*

14 **le bâton,** *stick.*

15 **batt-re,** *to beat.*

---

* FUTURE TENSE of Verbs of the *first and second Conjugation* :—

INFINITIVE :—

parler,	*to speak.*		**sortir,**	*to go-out.*
je **parler-ai,**	*I shall-speak.*		je **sortir-ai,**	*I shall-go-out.*
tu **parler-as,**	*thou wilt-speak.*		tu **sortir-as,**	*thou wilt-go-out.*
{ il **parler-a,**	*he will-speak.*		{ il **sortir-a,**	*he will-go-out.*
{ elle **parler-a,**	*she will-speak.*		{ elle **sortir-a,**	*she will-go-out.*
nous **parler-ons,**	*we shall-speak.*		nous **sortir-ons,**	*we shall-go-out.*
vous **parler-ez,**	*you will-speak.*		vous **sortir-ez,**	*you will-go-out.*
{ ils **parler-ont,**	*they* (m.) *will-speak.*		{ ils **sortir-ont,**	*they* (m.) *will-go-out.*
{ elles **parler-ont,**	*they* (f.) *will-speak.*		{ elles **sortir-ont,**	*they* (f.) *will-go-out.*

Il faut aller chercher le fermier.
Le fermier veut bien prendre le bâton.
Le bâton veut bien battre le chien,
Le chien veut bien mordre le loup,
Le loup veut bien manger biquette,   25
Biquette veut bien sortir des choux.

Ah! tu sortiras, biquette, biquette,
Ah! tu sortiras de ces choux-là.

12. Petit Oiseau.

(Les enfants forment une ronde, et tournent en chantant autour de celui qui représente l'oiseau et qui réplique à chacune de leurs strophes par son couplet.)

Chœur : Enfin nous te tenons,
    Petit, petit oiseau ;
    Enfin nous te tenons,
    Et nous te garderons!—

    'Dieu m'a fait pour voler,   5
    Gentils, gentils enfants,
    Dieu m'a fait pour voler,
    Laissez-moi m'en aller!'

    Non, nous te donnerons,
    Petit, petit oiseau,   10

LINE
21 **le fermier,** *farmer.*
22 **veut bien,** *is-willing-to.*

11a. L'Abeille et le Papillon.

'S'il fai*t* beau tem*ps*,'
Disai*t* le papillon volage,
'J'irai folâtre*r* au*x* cham*ps*.'—
'Moi,' bourdonnai*t* l'abeille sage,
'J'irai au*x* cham*ps* faire mon ouvrage,   5
S'il fai*t* beau tem*ps*.'

l'abeille (f.), *bee*; le papillon, *butterfly.*
1 **s'** for **si,** *if*; **il fait,** *it is* (lit. *it makes*).
  beau temps, *fine weather.*
2 **di-sait,** *said* (di-re, *to say*); **volage,** *fickle.*
3 **folâtrer,** *to romp.*
4 **bourdonnait,** *buzzed*; **sage,** *wise, good.*
5 **faire,** *to do.*

---

12. The Little Bird (Birdie).

(The children form a ring and turn singing round the one who represents the bird, and who replies to each of their verses by his own couplet.)

1 **enfin,** *at last*; **nous . . . ten-ons,** *we hold* . . . (ten-ir, *to hold*).
4 **te,** *thee,* or, *you*; **gard-er,** *to keep.*
5 **a fait,** *has made*; **voler,** *to fly.*
6 **gentil,** here *kind*; *darling.*
8 **laissez-moi,** *allow-me-to,* or, *let-me* (laiss-er, *to allow, to let*).
  m'en aller, *go-away* (s'en aller, *to go away*).

Non, nous te donnerons,
Biscuits, sucre et bonbons.—

'Ce qui doit me nourrir,
Gentils, gentils enfants,
Ce qui doit me nourrir,   15
Aux champs seul peut venir.'

Nous te gardons encore,
Petit, petit oiseau,
Nous te gardons encore
Une belle cage en fils d'or.—   20

'La plus belle maison,
Gentils, gentils enfants,
La plus belle maison,
Pour moi n'est qu'une prison.'

Tu dis la vérité,   25
Petit, petit oiseau,
Tu dis la vérité,
Reprends ta liberté.

La ronde s'ouvre, les enfants se sauvent, celui qui faisait le petit oiseau court après eux, et l'enfant qu'il attrape est placé à son tour au milieu de la ronde, qui recommence.

LINE
12 **le sucre,** *sugar.*
13 **ce qui,** *that which* ; **doit,** *must,* or, *is-to* (devoir, *to owe, must*);
nourr-ir, *to nourish, to feed.*
16 **seul,** *alone, only* ; **peut,** *can, may* (pouv-oir, *to-be-able, can*) ;
ven-ir, here *to grow.*
20 **le fil,** *thread, wire* ; **d'or,** *of gold.*
21 **la plus belle,*** *the most beautiful,* or, *the finest* ; **n'est que,** *is only,*
or, *is nothing but.*
25 **tu dis,** *you say* (lit. *thou sayest*) ; **la vérité,** *truth.*
28 **reprends,** *take-back* (Imperative of **reprend-re,** *to take-back*).

(The ring opens, the children run away, the one who played the little bird runs after them ; and the child whom he catches is put in his turn in the middle of the round-game, which begins again.)

* **le plus beau** cheval,
les plus beaux chevaux, } *the most beautiful,*
la plus belle église, } or, *the finest.*
les plus belles églises,

12a. *Chaviro* ;
Rotantacha ;
Chamipataro ;
Robrulapatacha.—
'Traduis-moi ça !'

Cha*t* vi*t* rô*t*,   *saw* ; *roast-meat.*
Rô*t* tenta cha*t*,   *tempted.*
Cha*t* mi*t* pat*t*e à rô*t*,   *put* ; *paw.*
Rô*t* brûla pat*t*e à cha*t*, *burned.*

13. L'Araignée *et* la Mouche.

L'ARAIGNÉE

'Entrez, entrez, gai moucheron,
Dan*s* mon joli peti*t* salon :
Retraite d'ouate tapissée,
Par moi filé*e*, ourdi*e*, tissé*e* !'

LA MOUCHE :

J'admire ton peti*t* salon, 5
Tapissé d'ouate et d'édredon.
Mais je sui*s* bien tro*p* fine mouche
Pour enfile*r* un coin si louche,
Et n'ai garde de m'engage*r*
Jamai*s* dan*s* ta sal*le* à mange*r* ! 10

G. Eugène.

14. Com*ment* t'a*ppelles*-tu ?

Dis-moi : Com*ment* t'a*ppelles*-tu ? *—
Je m'appelle com*me* mon frère !
Comment donc s'appelle ton frère ?—
Il s'appelle comme mon père !
Et comment donc s'appelle ton père ?— 5
Il s'appelle comme mon grand-père !
Mais comment s'appelle ton grand-père ?—

* In the words *comment* and *appelles*, which occur in every line, the 'italics' will not be repeated here.

13. The Spider and the Fly.

LINE
1. **entrer,** *to come-in, walk-in, enter, go-in* ; **le moucheron,** *small fly, midge.*
2. **le salon,** *drawing-room.*
3. **la retraite,** here *cosy corner* (lit. *retreat*) ; **la ouate,** *wadding* ; **tapissé(e)* de,** *carpeted,* or, *upholstered with.*
4. **par,** *by* ; **filé(e),*** *spun* ; **ourdi(e),*** *plaited* ; **tissé(e),*** *woven, wrought.*
5-6. **admir-er,** *to admire* ; **l'édredon,** *eider-down.*
7. **bien,** here *forsooth!* **une fine mouche,** here *a sly blade.*
8. **enfiler,** here *to entangle one's self in,* or, *to slip into.*
  le coin, *nook, corner* ; **louche,** here *suspicious* (lit. *squinting*).
9. **je n'ai garde,** *I'll take care not to.*
  m'engager, *to engage (myself) in,* say *to step into.*
10. **jamais,** *ever* (**jamais** . . . **ne,** or, **ne** . . . **jamais,** *never*).

* All these past-participles take the sign of the feminine e, in accordance with the gender of the Noun to which they refer (**retraite** and **ouate,** *fem.*)

13a. Au royaume * des aveugles, les borgnes sont rois.

* *kingdom.*

---

14. What is your Name?*

1. **dis-moi,** *tell me* (**dire,** *to tell, to say*).
  comment t'appelles-tu? lit. *how thyself callest thou?**
2-3. **comme,** *like,* or, *as* ; **donc,** *then.*
6. **le grand-père,** *grandfather.*

* PRESENT TENSE of a *Reflexive Verb* put as a *question* :—

Est-ce que je m'appelle?	*Do I call myself . . . ?*
Est-ce que tu t'appelles? *or,* T'appelles-tu?	} *Do you call yourself?*
Est-ce qu'il (elle) s'appelle? *or,* S'appelle-t-il (elle)?	} *Does he (she) call himself (herself)?*
Est-ce que nous nous_appelons? *or,* Nous_appelons-nous?	} *Do we call ourselves?*
Est-ce que vous vous_appelez? *or,* Vous_appelez-vous?	} *Do you call yourselves?*
Est-ce qu'ils (elles) s'appellent? *or,* S'appellent-ils (elles)?	} *Do they call themselves?*

Grand-père s'appelle, je crois,
Exactement comme moi.
Comment vous appelez-vous tous les deux ? 10
Nous nous appelons l'un comme l'autre; adieu!

15. L'âge d'or.

1. Quand j'étais petit
    Comme une souris,
    Je n'étais pas grand
    Comme un géant.

LINE
8 **je crois**, *I believe*, or, *I think* (croi-re, *to believe*).
9 **exactement**, *exactly* ; **moi**, here *myself*.
10 **tous** (*fem.* toutes) **les deux**, *both* (lit. *all the two*).
11 **l'autre**, *the other* ; **adieu**, *good-bye !*

14a. Le Petit Latiniste (Latin Scholar).

Maître Pierre à la cuisinière
Disait : 'Je sais le latin, moi.'
La cuisinière dit à maître Pierre :
'Moi, je le sais bien mieux que toi ;
Mets en français ce latin-ci :—
Piaoni, caillabani,
Vernados, ratana, chatauci.'—
'Pie a haut nid ; caille a bas nid ;
Ver n'a d'os ; rat en a ; chat aussi !'

1 **le maître**, *master* ; **Pierre**, *Peter* ; **la cuisinière**, *cook* (f.)
2 **disait**, *said* ; **je sais**, *I know* ; **le latin**, *Latin*.
4 **le**, *it* ; **bien mieux que**, *much better than* ; **toi**, *thou*, or *you*.
5 **mets en**, *put into* ; **français**, *French* ; **-ci**, *here* ;
   ce . . . ci, *the following*.
8 **la pie**, *magpie* ; **haut**, *high* ; **le nid**, *nest* ; **la caille**, *quail* ;
   bas, *low*.
9 **le ver**, *worm* ; **n'a d'**, *has not any* ; **l'os** (m.), *bone*.
   le rat, *rat* ; **en**, *some* ; **aussi**, *also*, or *too*.

15. The Golden Age.

STANZA
1 **la souris**, *mouse* ; **le géant**, *giant*.

D

2. J'avais des quenottes
   Comme une marmotte ;
   Et dodues menottes
   Comme une pelote !

3. Au point du jour,
   De mon domaine
   Je faisais le tour
   Du mont à la plaine ;

4. Battant le tambour
   Tout alentour ;
   Sonnant la trompette
   Comme une védette !

5. Lorsque j'avais faim,
   Je mangeais mon pain
   Comme un enfant
   Très obéissant.

6. Et j'avais un chien,
   Fidèle gardien ;
   Qui ne faisait rien
   Que m'aimer bien !

7. Et j'avais deux chats
   Fort gros et gras,
   Qui chassaient les rats
   Dans le galetas.

THE GOLDEN AGE

STANZA
2 **la quenotte,** *the tooth* (in familiar language, as in English, *peggy*) ;
  la menotte, *little hand* (from 'la main') ; **la pelote,** *pincushion.*
3 **le point du jour,** *break of day* ; **le domaine,** *estate.*
  je fai-sais (pronounce = fesais), *I made* (fai-re, *to make*).
  le tour, *turn,* here *survey* ; **le mont,** *mount,* or *mountain, highland.*
  la plaine, *plain, lowland.*
4 **batt-ant,** *beating* ; **tout alentour,** *all around* ; **sonn-ant,** *sounding*
  (sonn-er, *to sound, to ring*) ; **la trompette,** *trumpet* ; **la védette,**
  mounted sentry.
5 **j'avais faim,** *I was hungry* (lit. *I had hunger*) ; **je mange-ais,***
  I used-to-eat ; **obéissant,** *obedient.*
6 **j'avais,** *I had* ; **fidèle,** *faithful* ; **le gardien,** *guardian* ; **ne faisait
  rien que,** *did nothing else but.*
7 **le chat,** *cat* ; **fort** (adverb), *very* ; **gros,** *big;* **gras,** *fat* ; **chass-er,** *to
  chase, to hunt* ; **le galetas,** *attic, garret.*

PAST IMPERFECT TENSE of **être,** *to be,* and **avoir,** *to have* :—

j'étais,	*I was.*	**j'avais,**	*I had.*
tu étais,	*thou wast.*	**tu avais,**	*thou hadst.*
il était,	*he (it) was.*	**il avait,**	*he (it) had.*
elle était,	*she was.*	**elle avait,**	*she had.*
nous étions,	*we were.*	**nous avions,**	*we had.*
vous étiez,	*you were.*	**vous aviez,**	*you had.*
ils (elles) étaient,	*they were.*	**ils (elles) avaient,**	*they had.*

PAST IMPERFECT TENSE of a Verb of the *first Conjugation* :—

INFINITIVE :—	**parl-er,**	*to speak.*
	je parl-ais,	*I was-speaking,* or, *I used-to-speak,* etc.
	tu parl-ais,	*thou wast-speaking.*
	il parl-ait,	*he was-speaking.*
	elle parl-ait,	*she was-speaking.*
	nous parl-ions,	*we were-speaking.*
	vous parl-iez,	*you were-speaking.*
	ils (elles) parl-aient,	*they were-speaking.*

* In conjugating Verbs ending in -ger, the e remains before a, o :—

   je mang-e ;   je mang-e-ais,
   nous mang-e-ons ; nous mang-ions.
   ils mang-ent ;   ils mang-e-aient.

8. Et tous les soirs
   Quand il faisait noir,
   J'allais me coucher
   Sur mon oreiller !

16. La Noix.

Deux petits garçons trouvèrent une noix sous un grand arbre près de leur village.—'Elle est à moi,' dit Pierre : 'car c'est moi qui l'ai vue le premier.'

'Non, elle m'appartient,' reprit Bernard : 'car c'est moi qui l'ai ramassée. Là-dessus s'engagea entre eux une violente querelle.

'Je veux vous mettre d'accord,' dit un jeune homme qui passait justement par là. Il se plaça au milieu des deux petits garçons, cassa la noix et dit :

'L'une des coquilles appartient à celui qui le premier a vu la noix ; l'autre sera pour celui qui l'a ramassée. Quant à l'amande, je la garde pour prix du jugement que j'ai porté.'

17. L'Écho (*ch* = *k*).

Le petit George n'avait pas encore la moindre idée d'un écho (*ch* = *k*). Un jour il s'avisa de crier au milieu des prairies : 'Ho ! ho !' et il entendit sortir

STANZA
8 **tous les soirs** (m.), *every evening* (lit. *all the evenings*).
  il faisait (*pron.* = fesait) **noir**, *it was dark* (lit. *black*).
  j'all-ais, *I went*; **me coucher**, *to lay myself down*, or, *to go to bed*.
  l'oreiller (m.), *pillow*; (l'oreille, f., *ear*).

16. The Walnut.

LINE
1 **trouvèr-ent**, past of **trouver**, *to find*; **sous**, *under*.
2 **près de**, *near, close by*; **leur**, *their*; **à moi**, *mine* (lit. *to me*)
  (or, elle est à = *it belongs to*).
3 **Pierre**, *Peter* (la pierre, *stone*); **car**, *for* (conjunction); **vu(e)**, *seen*.
4 **appartient**, *belongs* (apparten-ir, *to belong*); **reprit**, *retorted*;
  (reprend-re, *to take-again*).
5 **ramass-er**, *to pick-up*; **là-dessus**, *thereupon*; **s'engagea**, *there arose* (s'engag-er, *to engage one's self*); **entre eux**, *between them*.
6 **la querelle**, *quarrel*.
7 **mett-re d'accord**, *bring to terms*.
8 **pass-er**, *to pass*; **justement**, *just-then*; **par là**, *that way* (lit. *by there*); (par ici, *this way*); **se plac-er**, *here to step* (lit. *to place one's self*); **au milieu de**, *here between* (lit. *in-the middle of*).
9 **cass-er**, *to break, crack*.
10 **la coquille**, *shell*; **celui**, *the-one*.
11 **sera**, *will-be* (future of **être**, *to-be*).
12 **quant à**, *as for*; **l'amande** (f.), *kernel*; **gard-er**, *to keep*.
  pour prix, *as a fee* (lit. *for price*).
13 **port-er**, here *to pronounce*.

FUTURE TENSE of **être**, *to be*,
  je serai, *I shall-be*.
  tu seras, *thou wilt-be*.
  il sera, *he will-be*.
  nous serons, *we shall-be*.
  vous serez, *you will-be*.
  ils seront, *they will-be*.

and of **avoir**, *to have*:—
  j'aurai, *I shall-have*.
  tu auras, *thou wilt-have*.
  il aura, *he will-have*.
  nous aurons, *we shall-have*.
  vous aurez, *you will-have*.
  ils auront, *they will-have*.

17. The Echo.

1 **ne ... pas encore**, *not yet*; **l'idée** (f.), *idea*.
2 **s'avis-er de**, *to take it into one's head to*; **cri-er**, *to cry, to shout*.
3 **la prairie**, *meadow*; **entend-re**, *to hear*; **sortir**, *to go-out*, here *to resound*.

aussitôt les mêmes mots du bosquet voisin : 'ho ! ho !'
5 L'enfant, étonné, se mit à crier : 'Qui es-tu ?' sur quoi la voix mystérieuse reprit aussitôt : 'Qui es-tu ?' George s'écria : 'Il faut que tu sois un sot garçon.'— 'Sot garçon !' répéta la voix du fond du bosquet.

Pour le coup, George se mit en colère, et redoubla
10 les injures qu'il envoyait vers la forêt. L'écho les lui rendit toutes fidèlement. Là-dessus il chercha l'enfant qu'il supposait lui répondre, dans toute l'étendue du bocage, pour s'en venger ; mais il ne trouva personne.

Après cette recherche infructueuse, George courut à
15 la maison, et se plaignit à sa mère de ce qu'un méchant garçon s'était caché dans la forêt pour l'injurier : 'Pour le coup, mon fils, tu t'es trahi, et tu t'accuses toi-même,' lui dit-elle.

'Apprends que tu n'as rien entendu que tes propres
20 paroles ; car, de même que tu as plus d'une fois vu ton visage réfléchi dans l'onde, ainsi tu viens d'entendre ta propre voix dans la forêt.

'Si tu avais crié une parole obligeante, tu n'aurais pas manqué d'en recevoir une pareille. C'est ainsi
25 qu'il arrive toujours. La conduite des autres à notre égard est ordinairement l'écho de la nôtre.'

LINE
4 **aussitôt,** *immediately* ; **même,** *same* ; **le mot,** *word* ; **le bosquet,** *grove* ; **voisin (adj.),** *neighbouring*.
5 **étonné,** *astounded, astonished* ; **se mit à,** past of **se mettre à,** *to begin (set) to* ; **sur quoi,** *whereupon*.
6 **la voix,** *the voice* ; **mystérieu-x (-se),** *mysterious*.
7 **s'écrier,** *to exclaim* ; **sot, f. sotte,** *foolish, silly*.
8 **le fond,** *the bottom, depth*.
9 **pour le coup,** here *this time* ; **se mettre en colère,** *to get angry* ; **redoubler,** *to redouble*.
10 **l'injure (f.),** *insult, abuse* ; **envoyer,** *to send, to address* ; **vers,** *towards* ; **la forêt,** *forest* ; **les lui . . .,** lit. *them to-him*.
11 **rend-it,** past of **rend-re,** *to return* ; **fidèlement,** *faithfully*.
12 **suppos-er,** *to suppose* ; **répondre,** *to reply* ; say *was - replying* ; **l'étendue (f.),** *extent*.
13 **le bocage,** *grove* ; **se . . . venger,** *to have his revenge* ; **en,** here *for-it* ; **ne . . . personne,** *nobody, not anybody*.
14 **après,** *after* ; **la recherche,** *search* ; **infructueu-x(-se),** *fruitless, vain* ; **cour-ut,** past of **cour-ir,** *to run*.
15 **à la maison,** *home* ; **se plaignit,** past of **se plaindre,** *to complain* ; **de ce que,** *that*.
16 **s'était caché,** *had concealed (hid) himself* ; **injurier,** *to insult, abuse*.
17 **se trahir,** *to betray one's self* ; **accuser,** *to accuse* ; **toi-même,** *yourself*.
19 **apprends,** *know* (Imperat. of **apprendre,** *to learn*) ; **entendu,** *heard* (P.P. of **entendre**) ; **propre,** *own*.
20 **la parole,** *word* ; **de même que,** *just as* ; **plus d'une fois,** *more than once*.
21 **le visage,** *face, countenance* ; **réfléchi,** *reflected* ; **l'onde (f.),** *water* ; **ainsi,** *thus* ; **tu viens de,** *you have just* (lit. *you come from*).
23 **obligeant(e),** *obliging* ; **tu aurais,** *you would-have.**
24 **manqué de,** *failed to* ; **en . . . une pareille,** *a similar one*.
25 **il arrive** (impersonal), *it happens* ; **toujours,** *always* ; **la conduite,** *behaviour* ; **à notre égard,** *towards us*.
26 **ordinairement,** *usually* ; **la nôtre,** *ours*.

* CONDITIONAL of **avoir,** *to have*, and of **être,** *to be* :—

j'aurais,	*I should-have.*		**je serais,**	*I should-be.*
tu aurais,	*you would-have.*		**tu serais,**	*you would-be.*
il aurait,	*he would-have.*		**il serait,**	*he would-be.*
nous_aurions,	*we should-have.*		**nous serions,**	*we should-be.*
vous_auriez,	*you would-have.*		**vous seriez,**	*you would-be.*
ils_auraient,	*they would-have.*		**ils seraient,**	*they would-be.*

18. La Citrouille et le Gland.

Un paysan reposait à l'ombre d'un chêne, et considérait une tige de citrouille qui s'étendait en grimpant sur les buissons de la haie voisine. Il se mit à secouer la tête et dit en lui-même: 'Hem! hem!
5 je n'aime pas que cette tige, si petite et si basse, porte de si gros fruits, tandis que ce grand et superbe chêne n'en porte que de si chétifs. Si j'avais créé le monde, c'est sur le chêne que j'aurais fait briller ces grosses citrouilles, d'un jaune doré, et dont la moindre aurait
10 pesé un quintal.'

A peine avait-il parlé, qu'un gland tomba de l'arbre, et le frappa si fortement au nez que le sang en jaillit aussitôt. 'Ouais! s'écria notre homme tout effrayé, je viens de recevoir le prix de ma sottise. Si
15 ce gland avait été une citrouille, il n'aurait pas manqué de m'écraser.'

18a. Le Chameau et le Chat.

Le chat:—Soyez le bienvenu, mon frère!

Le chameau:—Comment, moi ton frère?

Le chat:—Mais oui; voyez un peu: ne puis-je pas faire une aussi jolie bosse que toi.

5 *Le chameau*:—C'est vrai. Eh bien! Sais-tu quoi?
—Aide-moi donc un peu à porter mon fardeau.

Le chat:—Une autre fois. Adieu.

18. The Pumpkin and the Acorn.

LINE
1 le **paysan**, *peasant* ; **repos-er**, *to rest* ; **l'ombre** (f.), *shade (shadow)* ; le **chêne**, *oak-tree*.
2 **considér-er**, *to look at* ; **la tige**, *stem, stalk* ; **s'étend-re**, *to spread* ; **grimp-er**, *to climb*.
3 le **buisson**, *bush* ; la **haie**, *hedge*.
4 **secouer**, *to shake* ; **en lui-même**, *within himself*.
6 de **si**, *such* ; le **fruit**, *fruit* ; **tandis que**, *while, or, whilst*.
7 en de si **chétifs**, *such paltry ones* ; **cré-er**, *to create*.
le **monde**, *world*.
8 **fait briller**, *made to shine* ; **grosses**, fem. plur. of **gros**, *big*.
9 **d'un jaune doré**, *golden* (lit. *of a yellow gilt*) ; **dont**, *of-which*.
10 **pesé**, *weighed* ; **un quintal**, *a hundredweight*.
11 **à peine**, *hardly, scarcely* ; **parler**, *to speak* ; **qu'** (*for* que), *here when* ; **tomber**, *to fall*.
12 **frapp-er**, *to strike* ; **si fortement**, *so strongly* ; **au nez**, *on-the nose* ; le **sang**, *blood* ; **en**, *from-it*.
13 **jaillit**, *rushed, spurted* (jaill-ir, *to spurt*) ; **ouais!** (exclamation) *indeed!*
14 **effrayé**, *frightened* ; **recevoir**, (*to*) *receive* ; la **sottise**, *folly*.
16 **écraser**, *to crush*.

18a. Le Chameau et le Chat.

1 **Soyez**, *be ye!* le **bienvenu**, *welcome!*
3 **mais oui**, *why, yes* ; **voyez**, *see!* **un peu**, *a little*, say—*just see*.
ne puis-je pas, *can I not?* (**je peux**, *I can*).
4 la **bosse**, *hump*.
5 **vrai**, *true* ; **eh bien**, *well then* ; **sais-tu quoi?** *I'll tell you what* (lit. *Do you know what?*)
6 **aider**, *to help* ; le **fardeau**, *burden*.
7 **une autre fois**, *another time*.

19. Les Épis.

Un villageois alla un jour visiter son champ pour voir si le grain serait bientôt parvenu à sa maturité Il était accompagné de son fils, le petit Tobie. 'Regardez, papa, lui dit l'enfant sans expérience, comme
5 quelques-unes des tiges du blé tiennent leur tête droite et haute : ce sont apparemment les meilleures, et ces autres, qui se baissent presque jusqu'à terre sont assurément bien loin de les valoir.'

Le père cueillit quelques épis et dit : 'Regarde un
10 peu, mon enfant ; cet épi, qui dressait si fièrement la

18b. Le Coq.

Une ménagère fort diligente éveillait tous les matins ses deux servantes au chant du coq, afin de les faire travailler. Les servantes étaient en grand colère contre le pauvre coq, et le tuèrent, croyant pouvoir dormir plus longtemps à l'avenir. Mais la vieille ménagère, ne sachant plus quelle heure il était, les éveilla dès ce moment beaucoup plus tôt, et quelquefois à minuit.

LINE
1 **ménagère,** *housewife* ; **fort** (adv.), *very* ; **éveill-er,** *to awake.*
   tous les, *every* ; **matin,** *morning.*
2 **la servante,** *maid-servant* ; **au chant du coq,** *at cock-crow.*
   afin de, *in order to* ; **travailler,** *to work.*
3 **la colère,** *anger* ; **contre,** *against* ; **pauvre,** *poor.*
   tuer, *to kill* ; **croy-ant,** *believing.*
4 **pouvoir,** *to be-able* ; **plus longtemps,** *longer.*
   à l'avenir, *for the future.*
5 **ne sachant plus,** *no longer knowing* (**sa-voir,** *to know*) ; **dès,** *from.*
6 **beaucoup,** *much* ; **plus tôt,** *earlier* ; **quelquefois,** *sometimes.*
   à minuit, *at midnight.*

---

19. The Ears of Corn.

1 **un villageois,** *a villager, rustic* ; **visiter,** *to inspect* (*visit*).
2 **voir,** *to see* ; **si** (conjunction), *if* ; *whether.*
   serait . . . parvenu à, *would-have reached* ; **bientôt,** *soon.*
   la maturité, *maturity, ripeness.*
3 **accompagn-er,** *to accompany* ; **regard-er,** *to look.*
4 **sans,** *without* ; **comme,** *how* (*like, as*).
5 **quelques-unes des,** *some of-the* ; **le blé,** *corn* ; **tiennent,** *hold* (**tenir,** *to hold*) ; **droit(e),** *straight, upright.*
6 **haut(e),** *erect, aloft* ; **ce sont,** *these* (*they*) *are* ; **apparemment** (pronounce = aparaman), *evidently* ; **meilleur,** *best.*
7 **se baiss-er,** *to stoop* ; **presque,** *almost, nearly* ; **jusqu'à,** *as far as, down to* ; **la terre,** *ground* (*earth*) ; **assurément,** *assuredly, no doubt.*
8 **bien loin de,** *very far from* ; **valoir,** *to be-worth.*
10 **un peu,** (*just*) *a little* ; **dress-er,** *to hold-erect* ; **fièrement,** *proudly* (**fier,** *proud*).

tête, e*st* tout‿à fai*t* vide.; au contraire, celui-ci, qui s'inclinait‿avec tan*t* de modestie, e*st* rempli de*s* plu*s* beau*x* grain*s*.'

N.B.—From here, the *silent letters* and the *liaisons* will only be indicated in exceptional cases which have not occurred before. For the rest, the pupil, with the experience gained in the preceding lessons, will be expected to do without those leading strings.

20. Le Lion.

Un pauvre esclave, qui s'était sauvé de la maison de son maître, fut condamné à mort. On le conduisit dans une grande enceinte, qui était environnée de murailles, et on lâcha contre lui un lion terrible. Des 5 milliers de personnes étaient présentes à ce spectacle.

Le lion furieux sauta d'abord sur le pauvre homme; mais tout à coup il s'arrêta, témoigna sa joie en remuant la queue, et se mit à bondir autour de lui, et à lui lécher doucement la main. Tout le monde resta 10 frappé d'étonnement, et demanda à l'esclave d'où cela venait.

Alors celui-ci raconta son histoire en ces termes: 'M'étant un jour enfui de la maison de mon maître, je me cachai dans une caverne au milieu d'un désert. 15 J'y vis entrer ce lion, qui s'approcha de moi en gémissant et en me présentant sa patte. Je lui tirai du pied une grosse épine. Depuis ce moment il

THE LION 45

LINE
11 tout à fait vide, *quite empty* ; au contraire, *on-the contrary*, or, whilst ; celui-ci, *this one*.
12 s'inclin-er, *stoop* ; tant de, *so much* ; la modestie, *modesty*. rempli de, *full of*, or, *filled with* ; les plus beaux, *the finest*.

20. The Lion.

1 pauvre, *poor*; l'esclave (m. or f.), *slave*; s'était sauvé, *had run-away** (se sauver, *to run-away*).
2 le maitre, *master* ; fut condamné (pronounce = condané), *was condemned* ; condui-sit, *led, conducted* (condui-re, *to lead*).
3 l'enceinte, *enclosure* ; environné(e) de, *surrounded (fenced in) with*.
4 lâch-er, *to let-loose* ; contre, *against*.
5 des milliers, *thousands* ; présent(es) à, *present at* (être présent à, *to witness*) ; le spectacle, *sight (spectacle)*.
6 furieux, *furious* ; saut-er, *to bounce* ; d'abord, *at first, first of all* (l'abord, m., *the approach, access*).
7 tout à coup, *suddenly, all of a sudden* ; s'arrêt-er, *to stop* ; témoign-er, *to show* ; la joie, *joy* ; en, here *by* ; remu-er, *to wag*.
8 bondir, *to leap, jump, bounce* ; autour de, *around*.
lui . . . la main, lit. *to-him . . . the hand* (say here *his hand*).
9 lécher, *to lick* ; doucement, *gently* ; tout le monde, *everybody, every one* ; rest-er, *to remain* (here *was*).
10 frappé de, *struck with* ; l'étonnement (m.), *astonishment* ; demand-er (à), *to ask* ; d'où, *whence, how (from-where)* ; cela, *that*.
11 ven-ait, *came* (ven-ir, *to come*).
12 alors, *then, thereupon* ; celui-ci, *this-one* (here *the-latter*). racont-er, *to relate* ; l'histoire (f.), *story*.
en ces termes, *in these terms*, say *as follows*.
13 m'étant enfui, *having run-away** (s'enfuir, *to flee*).
15 j' (for je) y vis, *I saw there* (voir, *to see*) ; s'approch-er de, *to approach, come near*.
16 en gém-issant, *groaning, moaning* (gém-ir, *to groan*) ; présent-er, *to present, hold out* ; la patte, *paw* ; tir-er, *to pull, to draw*. lui du pied, *from his foot (paw)* ; (lit. *to-him from-the foot*).
17 une épine, *thorn* ; depuis, *from (since)*.

* *Reflexive Verbs* in Compound tenses are conjugated with être :—
  je me suis sauvé, *I have run-away*, etc.
  nous nous sommes sauvés, *we have run-away*, etc.
  je m'étais sauvé, *I had run-away*, etc.
  nous nous étions sauvés, *we had run-away*, etc.

m'approvisionna de gibier, et nous vécûmes ensemble en fort bonne intelligence. A la dernière chasse nous fûmes pris et séparés l'un de l'autre. Maintenant ce bon animal se réjouit de m'avoir retrouvé.'

Le peuple, enchanté de voir tant de reconnaissance chez une bête féroce, s'écria d'une voix unanime : 'Il faut accorder la vie à cet homme si humain et à ce lion si reconnaissant !' L'esclave fut affranchi et comblé de riches présents. Le lion le suivit comme un petit chien, et resta toujours près de lui, sans nuire jamais à personne.

21. Le Clou.

Un villageois sella un jour son cheval pour aller à la ville voisine. Avant de le monter, il s'aperçut bien qu'un clou manquait à l'un de ses pieds. 'Mais, dit-il, un clou de plus ou de moins, cela n'y fait rien.'

Lorsqu'il fut en route, le fer à cheval vint à manquer. 'S'il y avait une forge dans le voisinage, dit le paysan, je ferais ferrer mon cheval ; mais il ne s'en tirera pas moins bien avec les trois fers qui lui restent.'

Cependant l'animal se blessa, et commença bientôt à boiter. Un peu plus loin, deux brigands s'élancèrent hors d'une forêt pour dépouiller notre homme. Il lui fut impossible de prendre la fuite. Les brigands lui

LINE
18 **approvisionn-er de,** *to provide with* ; **le gibier,** *game, venison* ;
n. vécûmes, *we lived* (viv-re, *to live*) ; **ensemble,** *together, with one another.*
19 **en fort bonne intelligence,** *on very good terms* ; **dernier** (f. dernière), *last* ; **la chasse,** *hunt, hunting.*
20 **n. fûmes* pris,** *we were caught* (prendre, *to take*) ; **séparé(s),** *separated* ; **l'un de l'autre,** *from one another* ; **maintenant,** *now.*
21 **se réjou-ir de,** *to rejoice at* ; **retrouv-é,** *found-again.*
22 **le peuple,** *people* ; **enchanté de,** *delighted at.*
la reconnaissance, *gratitude.*
23 **chez,** *in* (lit. *at-the-house-of*) ; **féroce,** *wild, savage* ; **d'une voix unanime,** *with a unanimous voice.*
24 **accorder,** *(to) grant, allow* (here *spare*); **la vie,** *life.*
l'homme, *the man* ; **humain,** *humane (human).*
25 **reconnaissant,** *grateful* ; **fut affranchi,** *was set-free.*
26 **comblé de,** *loaded with* ; **suiv-it,** *followed* (suiv-re, *to follow*).
27 **nui-re à,** *to hurt, harm.*

* PAST TENSE of **être,** *to be,*   and of **avoir,** *to have* :—
   je fus,   *I was.*   **j'eus,**   *I had.*
   tu fus,   *you were.*   **tu eus,**   *you had.*
   il fut,   *he was.*   **il eut,**   *he had.*
   nous fûmes, *we were.*   **nous eûmes,**   *we had.*
   vous fûtes, *you were.*   **vous eûtes,**   *you had.*
   ils furent, *they were*   **ils eurent,**   *they had.*

21. The Nail.

1 **sell-er,** *to saddle* ; **le cheval,** *horse.*
2 **avant de,** *before* ; **monter,** *to mount* ; **il s'aperç-ut,** *he perceived* (s'aperc-evoir, *to perceive*) ; **bien,** *well,* here *indeed.*
4 **de plus,** *more* ; **de moins,** *less* ; **n'y fait rien,** *does not matter.*
5 **fut** (past of **être**), *was* ; **en route,** *on the-way* ; **le fer à cheval,** *horse-shoe.*
vint à, *came (happened) to,* (ven-ir, *to come*) ; **manquer,** *to be missing.*
6 **s'il y avait,** *if there was* ; **la forge,** *smithy* ; **le voisinage,** *neighbourhood.*
7 **je ferais ferrer . . .,** *I should-have . . . shod* (lit. *should-make shoe*).
8 **s'en tirer,** *to manage, to get on* ; **ne . . . pas moins bien,** *none the less.*
9 **rest-ent,** here *are left.*   [*to begin to.*
10 **cependant,** *however* ; **se bless-er,** *to get hurt* ; **commenc-er à,**
11 **boiter,** *to halt* ; **un peu,** *a little* ; **s'élancer,** *to spring, sally, rush.*
12 **hors,** *out of* ; **lui,** here *for-him.*
13 **prendre la fuite,** *to take to flight* ; **lui,** here *from-him.*

enlevèrent son cheval avec la bride, la selle et la
15 valise.

Obligé de revenir à pied chez lui, il dit tristement :
' Non, jamais je ne me serais imaginé que pour un
clou je perdrais mon cheval.'

22. Les trois Brigands.

Trois brigands assassinèrent et dépouillèrent un
marchand, qui traversait un bois avec une quantité
d'argent et d'effets précieux. Ils transportèrent dans
leur caverne le trésor si cruellement acquis, et en-

LINE
14 **enlever,** *to take-away* ; **la bride,** *bridle* ; **la selle,** *saddle*.
15 **la valise,** *portmanteau*.
16 **obligé de,** *compelled to* ; **revenir,** *to return* ; **à pied,** *on foot*.
   chez lui, *to-his home* ; **tristement,** *sadly*.
17 **je me serais imaginé,** *I should-have fancied* ; see note to 20, l. 13.
18 **je perd-rais,** *I should-lose* (condit. of **perd-re**).

21a. Quand j'étais petit
     Mon appétit
     Venait en mangeant.
     Quand je fus plus grand
     Mon appétit   5
     Alla croissant.

2 **l'appétit** (m.), *appetite*.
3 **ven-ait,** *used-to-come* (**ven-ir,** *to come*).
  en mange-ant, *whilst eating*.
6 **all-a,** *went on* ; **croi-ssant,** *increasing* (**croi-tre,** *to grow*).

22. The Three Robbers.

1 **assassiner,** *to murder* ; **dépouiller,** *to strip*.
2 **le marchand,** *trader* ; **travers-er,** *to cross, travel-through*.
3 **l'argent,** *the money* (*silver*) ; **les effets précieux,** *valuables*.
  transporter, *to carry*.
4 **le trésor,** *treasure* ; **cruellement,** *cruelly* (cruel, f. cruelle, *cruel*) ;
  acquis, *acquired, obtained* (acquérir, *to acquire*).

E

voyèrent le plus jeune d'entre eux chercher des vivres à la ville voisine.

Lorsqu'il fut parti, les deux qui étaient restés se dirent l'un à l'autre : 'A quoi bon partager avec ce drôle de si grandes richesses ? tuons-le, quand il reviendra, et nous aurons sa part du trésor.'

En chemin, le jeune brigand pensa en lui-même : Quel bonheur, si tout cet argent m'appartenait ! Je vais empoisonner mes deux compagnons, et je le possèderai alors sans partage.

Arrivé à la ville, il acheta des vivres, mit du poison dans le vin, et reprit la route de la forêt.

A peine eut-il mis le pied dans la caverne, que les deux autres s'élancèrent sur lui, et lui portèrent au cœur plusieurs coups de poignard, dont il tomba mort. S'étant assis, les deux scélérats se mirent à manger, et à boire du vin empoisonné. Ils expirèrent dans des douleurs épouvantables, et on trouva leurs cadavres environnés d'une quantité de trésors qu'ils avaient amassés.

LINE
5 **jeune,** *young*; **d'entre eux,** *from among them*; **des vivres** (m.), *provisions, victuals.*
8 **dirent,** *said* (past of **dire**); **se . . . l'un à l'autre,** *to one another*; **à quoi bon?** *what is the use of?* **partager,** *to divide.*
9 **le drôle,** *scamp, knave*; **richesses** (f.), *wealth, treasures.* **tu-er,** *to kill.*
10 **reviendra,** *will-come-back*, say *comes-back* (**revenir,** *to come back*).
11 **en chemin,** *on the way*; **pens-er,** *to think*; **en lui-même,** *within himself.*
12 **quel bonheur,** *what luck!* **apparten-ait,** imperf. of **apparten-ir,** *to belong.*
13 **je vais,** *I am-going-to*, say *I will*; **empoisonner,** *(to) poison.* **posséder,** *to possess*; **le,** *it.*
14 **sans partage,** *undivided.*
15 **achet-er,** *to buy*; **mit,** *put* (past of **mettre**).
16 **le vin,** *wine*; **reprit,** *resumed* (past of **reprendre,** *to resume*).
17 **mis,** *put, set* (P.P. of **mettre**); **que,** here *when.*
18 **porter,** here *to deal*; **lui . . . au cœur,** *into his heart.*
19 **plusieurs,** *several*; **le coup de poignard,** *stab* (lit. *stroke of dagger*). **dont,** *from-which*, say *from the effects of which*; **mort,** *dead.*
20 **s'étant assis,** *having sat down*; **le scélérat,** *villain*; **se mirent à,** *set (began) to*; (**se mettre à,** *to begin*).
21 **boire,** *to drink*; **expirer,** *to expire.*
22 **la douleur,** *pain, suffering*; **épouvantable(s),** *dreadful*; **leur(s),** *their*; **le cadavre,** *corpse*; **environné(s) de,** *surrounded by.*
24 **amassé(s),** *amassed, hoarded, stored up.*

22a. En quoi les demoiselles
Aux anges ressemblent-elles?

[*Elles ont aussi deux l.*, = *deux ailes.*]

1 **en quoi,** *in what respect*; **demoiselle,** *young lady.*
2 **ange** (m.), *angel.* 3 **l'aile** (f.), *wing.*

Quelle est la boisson la plus forte?

[*L'eau. — Vois les vaisseaux qu'elle porte.*]

quelle (f. of **quel**), *which?* **boisson,** *beverage.*
vois, *see*; **le vaisseau,** *ship, vessel.*

23. Les Perles.

I. Un voyageur s'était égaré dans un de ces déserts sablonneux et brûlants où l'on chemine des semaines entières sans rencontrer une habitation. Au moment de périr de soif et de faim, il découvrit enfin un palmier et une source d'eau fraîche. Il trouva près de là un petit sac. 'Dieu soit loué! dit-il en le tâtant. Ce sont peut-être des dattes qui m'empêcheront de mourir de faim.' En disant ces mots il ouvrit avidement le sac; mais il fut bien affligé de n'y trouver que des perles! (See 9, Le Coq et la Perle, p. 16.)

II. Le pauvre homme allait mourir de faim à côté de ces perles, qui valaient plusieurs milliers d'écus. Mais il adressa de ferventes prières au Ciel; et tout à coup parut un Maure, monté sur un chameau, lequel revenait sur ses pas en toute hâte. C'était lui qui avait perdu le sac. Content de le retrouver, il eut pitié du voyageur, lui donna du pain, avec des fruits délicieux, et le prit avec lui sur son chameau. 'Tu vois, dit-il, comme les voies de la Providence sont merveilleuses. Je regardais comme un grand malheur la perte de mes perles, tandis qu'il ne pouvait rien arriver de plus heureux. Dieu en a ordonné ainsi, afin qu'étant obligé de revenir en ce lieu, je pusse te sauver la vie.'

23. The Pearls.

LINE
1. **le voyageur,** *traveller*; **s'égarer,** *to go astray, to lose one's way.*
2. **sablonneux,** *sandy*; **brûlant,** *burning, burning hot*; **où,** *where*; **l'on,** *one,* or, *people*; **cheminer,** *to wander*; **des semaines entières** (f. pl. of **entier**), *for whole weeks.*
3. **rencontr-er,** (*to*) *meet*; **l'habitation,** f., *dwelling*; **au moment de,** *at-the moment of,* say *on the point of.*
4. **périr de,** *to perish, die of*; **la soif,** *thirst*; **il découvr-it,** *he discovered* (past of **découvrir,** *to discover*).
5. **le palmier,** *palm-tree*; **l'eau fraîche,** *fresh water* (frais, m.)
6. **le sac,** *sack, bag*; **soit loué,** *be praised*; **en le tât-ant,** *feeling (touching) it.*
7. **ce sont,** *these are*; **peut-être,** *may-be, perhaps*; **la datte,** *date (fruit)*; (la date, *date* [*time*]); **empêcher de,** *to prevent from.*
8. **mourir,** *to die*; **en disant ces mots,** *in saying these words,* or, *so saying*; **ouvrir,** *to open*; **avidement,** *eagerly.*
9. **bien affligé de,** *very sorry for,* or, *very disappointed at.*
11. **allait,** *was going,* say *was about to*; **à côté de,** *by the side of.*
12. **val-aient** (impf. of **valoir**), *to be worth*; **l'écu,** *dollar, crown.*
13. **adress-er,** *to address, to send*; **la prière,** *prayer.*
    le Ciel (pron. = ciêl), *heaven (sky).*
14. **par-ut,** past of **par-aître,** *to appear*; **le Maure,** *Moor*; **le chameau,** *camel*; **lequel,** *who.*
15. **reven-ir sur ses pas,** *to retrace one's steps*; **en toute hâte,** *in all haste (speed).*
16. **perd-u,** *lost* (perd-re, *to lose*); **content de,** *happy to*; **retrouver,** *to find again.*
17. **avoir pitié de,** *to have pity on.*
18. **délicieux,** *delicious*; **prit,** past of **prend-re,** *to take.*
19. **tu vois,** pres. of **voir,** *to see*; **la voie,** *way.*
20. **merveilleuse(s),** *marvellous*; **le malheur,** *misfortune.*
21. **la perte,** *loss*; **il ne pouvait** (imperf. of **pouvoir**), *there could not.*
22. **rien de plus heureux,** *nothing more fortunate (lucky).*
    en ... ordonné, *ordained it*; **ainsi,** *thus.*
23. **afin que,** *in order that*; **étant** (Pres. P. of **être**), *being*; **le lieu,** *place, spot*; **je pusse,** *I might* (impf. subjunct. of **pouvoir,** *may*).
24. **sauver,** *to save*; **te ... la vie,** *thy life* (lit. *to-thee the life*).

24. Les Deux Voyageurs.

Deux voyageurs, Albert et Bernard, faisaient paisiblement route ensemble. Le premier aperçut sur le chemin une bourse pleine d'or. Vite il saute dessus et la ramasse.—'Camarade, dit Bernard, partageons
5 honnêtement la trouvaille.'—'Je n'ai garde,' répondit Albert : 'c'est moi qui ai trouvé la bourse, et par conséquent elle m'appartient.'

Là-dessus il empocha l'argent en riant, et Bernard continua tristement sa route avec lui.

10 Tout à coup parut un brigand, l'épée nue à la main. Albert devint pâle comme la mort. 'Camarade, dit-il, défendons-nous mutuellement, et un seul homme

23a. En hiver, au temps des frimas,
　　　Un enfant à chaque repas
　　　Rassembl-ait avec soin les miettes,
　　　Et s'en all-ait les partager
　　　Aux passereaux, aux alouettes,　　　　　　　　5
　　　Qui ne trouv-aient rien à manger.
　　　Mais on lui dit : 'Tu perds ta peine :
　　　Pour tant d'oiseaux si peu de miettes !'
　　　'J'en rassasie une vingtaine :
　　　Si chaque enfant veut faire ainsi　　　　　　10
　　　Chaque oiseau sera bien nourri.'—*Marelle.*

1 **le frimas,** *frost.*　2 **chaque,** *every* ; **le repas,** *meal.*
3 **rassembl-er,** *to gather* ; **le soin,** *care* ; **la miette,** *crumb.*
4 **s'en aller,** *to go* ; **partager,** *to portion out.*
5 **le passereau,** *sparrow* ; **l'alouette** (f.), *lark.*
7 **perdre sa peine,** *to lose one's labour.*
8 **tant de,** *so many* ; **si peu de,** *so few.*
9 **rassasier,** *to feed, satisfy* ; **une vingtaine,** *a score.*
10 **veut,** *is-willing to* ; **ainsi,** *thus, or the same.*
11 **nourrir,** *to nourish.*

24. The Two Travellers.

LINE
1 **fai-saient** (impf. of **fai-re**) . . . **route,** *were-wandering* ; **paisible-ment,** *peaceably.*
3 **la bourse,** *purse* ; **vite,** *quickly* ; **dessus,** *upon-it.*
4 **camarade,** *comrade* ; **partage-ons** (imperat. of **partag-er**), *to divide.*
5 **honnêtement,** *honestly, fairly* ; **la trouvaille,** *the find* ; **je n'ai garde,** *I will do nothing of the sort* ; **répond-re,*** *to reply.*
6 **par conséquent,** *consequently.*
8 **là-dessus,** *thereupon* ; **empoch-er,** *to pocket* ; **en ri-ant,** *laughing* (**ri-re,** *to laugh*).
9 **continuer sa route,** *to walk on.*
10 **l'épée,** *sword* ; **nu(e),** *bare (naked).*
11 **devint,** *became* (**devenir,** *to become*).
12 **se défend-re,** *to defend one's self* ; **mutuellement,** *mutually.*

ne l'emportera pas facilement sur deux. Dépêchez-
vous de tirer l'épée comme moi.'

15 'Je n'ai garde,' répondit Bernard; 'car le brigand
ne saurait rien me prendre. Vous avez gardé l'argent
pour vous seul, ainsi vous en entreprendrez seul la
défense.'

Vaincu par le voleur, Albert, au lieu du trésor,
20 n'emporta que des blessures.

25. La Cassette Merveilleuse.

Une mère de famille éprouvait journellement toutes
sortes de pertes dans son ménage, et son bien diminuait
chaque année. Elle prit alors le parti de consulter un

THE TWO TRAVELLERS

LINE
13 l'emport-er sur, *to get the better of, to be more than a match for* ;
   facilement, *easily* ; se dépêcher, *to make haste to*.
14 tirer, *to draw* ; comme moi, *as I do*.
16 ne saurait, here *could not* (savoir, *to know*) ; me, here *from-me*.
17 entreprend-re, *to undertake*.
19 vaincu, *conquered, overcome* ; le voleur, *thief* ; au lieu de, *instead of*.
20 emporter, *to carry off* ; ne...que, *nothing but* ; la blessure, *wound*.

* PAST TENSE of Verbs of the *second* and of the *fourth* Conjugation :—

INFINITIVE :—

ouvr-ir,	*to open.*	vend-re,	*to sell.*
j'ouvr-is,	*I opened ; I did-open.*	je vend-is,	*I sold ; did-sell.*
tu ouvr-is,	*thou didst-open.*	tu vend-is,	*thou didst-sell.*
il (elle) ouvr-it,	*he (she) opened.*	il vend-it,	*he sold.*
n. ouvr-îmes,	*we opened.*	n. vend-îmes,	*we sold.*
v. ouvr-îtes,	*you opened.*	v. vend-îtes,	*you sold.*
ils ouvr-irent,	*they opened.*	ils vend-irent,	*they sold.*

24a. Tout paraît renversé chez moi ;
    Le laquais précède le maître ;
    Le manant passe avant le roi ;
    Le simple clerc avant le prêtre ;
    Le printemps vient après l'été ;   5
    Noël avant la Trinité ;
    C'en est assez pour me connaître.
        [*Le Dictionnaire.*]

1 paraître, *to appear* ; renversé, *topsy-turvy*.
2 laquais, *lackey* ; précéder, *to come before*.
3 manant, *churl* ; passer avant, *to go before, take the start of*.
4 simple, *plain* ; clerc, *clerk* ; prêtre, *priest*.
6 Noël (f.), *Christmas* ; Trinité, *Trinity*.
7 c'en est assez, *that is enough* ; connaître, *to know*.

---

25. The Marvellous Casket.

1 mère de famille, *housewife* ; éprouver, *to experience*.
  journellement, *daily, every day*.
2 toutes sortes, *all sorts, every kind* ; le ménage, *household*.
  le bien, *property* ; diminuer, *to decrease, dwindle*.
3 chaque, *every* ; l'année (f.), *year* ; prit (past of prendre) le parti
  de, *made up her mind* (lit. *took the resolution to*) ; consulter, *to
  consult, take-the-advice-of*.

solitaire qui demeurait dans une forêt, et de lui raconter le mauvais état de ses affaires. 'Mon ménage ne va pas bien, lui dit-elle ; ne pourriez-vous pas m'indiquer quelque moyen de remédier au mal ?'

Le solitaire, qui était un vieillard d'une humeur joviale, la pria d'attendre quelques instants ; puis il lui apporta une petite cassette bien fermée. 'Il faut, dit-il, que pendant l'espace d'une année vous portiez cette cassette à la cuisine, à la cave et dans les écuries trois fois par jour et trois fois par nuit. Faites la même chose dans tous les coins et recoins de votre maison, et je vous promets que vos affaires iront mieux. Au bout de l'année n'oubliez pas de me rapporter la cassette.'

La bonne femme, qui comptait beaucoup sur l'efficacité de ce meuble mystérieux, ne manqua pas de faire comme il lui était prescrit. Le lendemain, étant descendue à la cave, elle y surprit le valet au moment où il dérobait une cruche de bière.

Lorsqu'à une heure de la nuit déjà avancée, elle alla visiter la cuisine, elle y trouva les servantes qui faisaient bonne chère. Dans les écuries elle vit les vaches presque enterrées dans leur fumier, et les chevaux qui, au lieu d'avoine, n'avaient reçu que du foin, n'étaient pas étrillés. C'est ainsi que journellement elle eut à corriger de nouveaux abus.

Quand l'année fut écoulée, elle retourna chez le

THE MARVELLOUS CASKET 59

LINE

4 **le solitaire,** *hermit* ; **demeurer,** *to reside, live.*
5 **l'état** (m.), *state* ; **va** (pres. of **aller**), *is-going-on.*
6 **pourriez-vous** (condit. of **pouvoir**), *could you* ; **indiquer,** *indicate.*
7 **quelque,** *some* . . . *or other* ; **le moyen,** *the means* ; **remédier à,** *to cure, stop* ; **le mal,** *evil.*
8 **le vieillard,** *old man* ; **l'humeur** (f.), *humour, disposition.*
9 **jovial(e),** *jovial, jolly, merry* ; **pri-er de,** *to pray, ask, beg to* ; **attendre,** *to wait* ; **quelques,** *a few* ; **l'instant** (m.), *instant, moment* ; **puis,** *then.*
10 **fermé(e),** *shut, closed.*
11 **pendant l'espace** (m.) **de,** *during the space of*, or, *for* ; **il faut que vous portiez,** *you must-carry* (subjunctive after ' il faut que ').
12 **la cuisine,** *kitchen* ; **la cave,** *cellar* ; **l'écurie** (f.), *stable.*
13 **fai-tes,** *do* (fai-re, *to do, make*) ; **la même chose,** *same thing.*
14 **les coins et recoins,** *nooks and corners.*
15 **je . . . promets,** *I promise* (promettre, *to promise*) ; **iront** (Fut. of aller), *will-go-on* ; **au bout,** *at-the end.*
16 **oubli-er,** *to forget* ; **rapport-er,** *to bring back.*
17 **la femme,** *woman* ; **compt-er sur,** *to rely on* ; **beaucoup,** *much, a great deal.*
18 **l'efficacité** (f.), *efficiency, working* ; **le meuble,** *piece of furniture.*
19 **comme il lui était prescrit,** *as she was told* (lit. *as it to-her was prescribed*) ; **le lendemain,** *day after, next day.*
20 **étant descendue,** *having gone-down, descended.*
surprit, *caught* (*surprised*) ; (surprendre, *to take-by-surprise*).
au moment où, *here in the very act of.*
21 **dérob-er,** *to steal, filch* ; **la cruche,** *pitcher, jug* ; **la bière,** *beer, ale.*
22 **l'heure** (f.), *hour* ; **déjà avancé(e),** *already advanced,* say *late.*
23 **la servante,** *maid-servant.*
24 **faisaient bonne chère** (lit. *made good cheer*), *were eating their fill,* or, *were junketing* ; **elle vit,** *she saw* (past of **voir,** *to see*).
25 **la vache,** *cow* ; **enterré(es),** *buried,* say *weltering* ; **le fumier,** *dung, dunghill.*
26 **l'avoine** (f.), *oats* ; **reç-u,** *received, got* (rec-evoir, *to receive*).
27 **le foin,** *hay* ; **étrillé(s),** *curried.*
28 **corriger,** *to correct* ; **nouveau(x),** *new, fresh* ; **l'abus** (m.), *misuse.*
29 **écoulé(e),** *elapsed, gone, over* ; **retourn-er,** *to return.*

30 solitaire avec la cassette. 'Laissez-la-moi encore un an, lui dit-elle ; elle renferme un remède excellent.'

L'ermite se prit à rire, et lui dit : 'Pour la cassette, je ne peux vous la laisser. Mais vous aurez le remède qui s'y trouve renfermé.' Il ouvrit la cassette qui 35 ne contenait qu'un petit bout de papier avec ces mots :—

L'œil du maître engraisse le cheval.

26. La Mendiante.

Par un temps de famine, une étrangère parcourait un village pour demander l'aumône : elle était pauvrement vêtue, mais cela ne l'empêchait pas d'être propre.

Elle fut repoussée durement dans quelques maisons ; 5 dans d'autres, on ne lui donna que fort peu de chose : un pauvre paysan seul la fit entrer dans sa cabane, pour se réchauffer, car il faisait extrêmement froid. La femme du paysan, non moins charitable, lui donna un grand morceau d'un gâteau qu'elle venait de 10 retirer du four.

Le jour suivant, tous ceux chez qui l'inconnue s'était présentée, furent invités à souper au château du village. En entrant dans la salle à manger, ils aperçurent une petite table, couverte des mets les plus 15 délicieux.

THE MARVELLOUS CASKET 61

LINE
30 **encore un an,** *another year* ; (encore, *still, yet, again*).
31 **renferm-er,** *to contain.*
32 **l'ermite,** *hermit* ; **se prit à rire,** *burst out laughing* (se prendre à, *to begin to*) ; **pour,** here *as-for, as-to.*
33 **je ne peux,** *I cannot* (after **pouvoir,** *to be-able,* **pas** may be left out).
34 **se . . . trouv-er,** *to happen to.*
35 **conten-ir,** *to contain* ; **le bout,** *bit, slip* ; **le papier,** *paper.*
37 **l'œil** (plur. les yeux), *eye* ; **engraisser,** *to fatten, make-fat.*

25a. Trente jours ont septembre,
Avril, juin et novembre.
De vingt‿huit‿il‿en‿est‿un ;
Les‿autres en‿ont trente et un.

26. The Beggar-woman.

1 **par un temps,** *in a time* ; **étranger,** f., **étrangère,** *stranger.*
  parcour-ir, *to wander through.*
2 **l'aumône** (f.), *alms* ; **pauvrement,** *poorly.*
3 **vêtu(e),** *dressed, clad* (vêtir, *to dress*) ; **propre,** *clean, tidy.*
4 **repouss-er,** *to turn-away* ; **durement,** *harshly* (dur(e), *hard, harsh*).
5 **fort peu de chose,** *very little, a trifle.*
6 **la fit entrer,** *made her come-in,* say *asked her to come-in.*
  la cabane, *hut, cottage.*
7 **se réchauffer,** *to warm one's self,* here *herself* ; **il faisait . . . froid,** *it was . . . cold* ; **extrêmement,** *extremely.*
8 **la femme,** *wife.*
9 **le morceau,** *bit, slice, morsel* ; **le gâteau,** *cake* ; **elle ven-ait de,** *she had just* ; (venir de, see 17, l. 21).
10 **retirer,** *to draw (take) out* ; **le four,** *oven.*
11 **le jour,** *the day* ; **suivant,** *following, next* ; **ceux,** *those* (plur. of celui) ; **chez qui,** *at whose house* ; **inconnu(e),** *unknown.*
12 **se présenter,** *to present one's self,* say *had called* ; **invité(s) à,** *invited, asked to* ; **le souper,** *supper.*
14 **aperçurent** (past of **apercevoir,** *to perceive*) ; **couvert(e) de,** *covered with* ; **le mets,** *dish.*

Une autre grande table était également dressée ; sur celle-ci se trouvaient beaucoup d'assiettes où l'on ne voyait çà et là qu'un petit morceau du pain moisi, quelques pommes de terre, ou une poignée de son ; mais la plupart étaient absolument vides.

'C'est moi qui étais cette mendiante déguisée que vous avez vue,' dit alors la dame du château. 'Dans des temps si durs pour les pauvres, j'ai voulu mettre à l'épreuve votre bienfaisance. Ces bonnes gens me traitèrent de leur mieux, ajouta-t-elle, en montrant le paysan et sa femme ; c'est pourquoi ils vont souper à ma table, et je leur ferai une pension annuelle.

'Vous autres, vous aurez la bonté de vous contenter des dons que vous m'avez faits, et que vous voyez sur ces assiettes. N'oubliez pas surtout que c'est ainsi qu'on vous servira un jour dans l'autre monde.'

> Ce que tu sèmes ici-bas,
> Là-haut tu le recueilleras.

LINE
16 également, *equally, likewise* ; **dressé(e)**, *here laid.*
17 **celle-ci** (fem. of **celui-ci**), *this one* ; **se trouvaient,** *were to-be-found (seen)* ; l'**assiette** (f.), *plate, dish* ; **où,** *where,* here *in-which.*
18 **voy-ait,** *saw,* say *could-see,* (**voir,** *to see*) ; **çà et là,** *here and there* ; **moisi,** *mouldy.*
19 **la pomme de terre,** *potato* (la **pomme,** *apple*) ; **ou,** *or* ; **la poignée,** *handful* (le **poing,** *fist*) ; **le son,** *bran.*
20 **la plupart,** *most-of-them* ; **absolument,** *absolutely, quite.*
21 **déguisé(e),** *disguised.*
23 **dur(s),** *hard* ; **j'ai voulu,** *I have wanted,* say *I was anxious to* (**vouloir,** *to wish, to be-willing*).
24 **mettre à l'épreuve** (f.), *to put to the test.*
  la bienfaisance, *benevolence, charity* ; **les . . . gens** (f.), *people.*
25 **trait-er,** *to treat* ; **de leur mieux,** *as best they could.*
  ajout-er, *to add* ; **montr-er,** *to point-at* (*show*).
26 **pourquoi,** *why* ; **ils vont,** *they are-going,* say *they shall* (**aller,** *to go*) ; **souper,** *to sup.*
27 **je . . . ferai,** *I shall-make* (**faire,** *to make*) ; **la pension,** *allowance* ; **annuel(le),** *annual, yearly* ; **la pension annuelle,** *annuity.*
28 **la bonté,** *kindness, goodness* ; **se contenter de,** *to put up with.*
29 **le don,** *gift* ; **fait,** *made* ; **voy-ez,** pres. of **voir,** *to see.*
30 **surtout,** *above-all.*
31 **servir,** *to serve.*
32 **ce que,** *that-which, what* ; **sem-er,** *to sow* ; **ici-bas,** *here below.*
33 **là-haut,** *there above* ; **recueill-ir,** *to gather, reap.*

26a. Une corneille altérée vit un peu d'eau dans une bouteille. Mais la bouteille était profonde, et le bec de l'oiseau était trop court pour atteindre l'eau. Que faire ? Elle jeta dans la bouteille plusieurs petites pierres qui remplirent le fond. L'eau monta et la corneille étancha sa soif. 5

  1 **corneille,** *crow* ; **altéré(e),** *thirsty* ; **vit,** *saw* (**voir,** *to see*).
    la bouteille, *bottle.*
  2 **profond(e),** *deep* ; **bec,** *beak* ; **court,** *short.*
  3 **atteindre,** *to reach* ; **jeter,** *to throw.*
  4 **remplir,** *to fill* ; **fond,** *bottom.*   5 **étancher,** *to quench.*

27. Le Portrait.

Il y a plusieurs siècles que mourut dans une grande ville un marchand qui laissa des biens considérables. On savait qu'il avait un fi*l*s unique alors en voyage ; mais personne n'en connaissait les traits.

Quelque temps après arrivèrent trois jeunes gens. Chacun d'eux prétendait être le fils unique et l'héritier légitime. Le juge fit apporter un portrait du défunt, extrêmement ressemblant. 'L'héritage, dit-il, est à celui de vous trois qui atteindra d'une flèche cette marque que je fais à la poitrine du portrait.'

Le premier tira et atteignit presque au but ; le second en approcha plus encore. Mais en visant, le troisième se mit à trembler, pâlit et versa d'abondantes larmes. 'Non,' s'écria-t-il en jetant à terre l'arc et les flèches ; 'non, je ne saurais tirer : mille fois mieux perdre tout mon héritage !'

—' Noble jeune homme,' lui dit alors le juge ; ' c'est vous qui êtes le véritable fi*l*s et le légitime *h*éritier ; les deux autres, qui ont si bien tiré, ne sont que des imposteurs ; car, ne fût-ce qu'en peinture, un fils ne peut percer d'une flèche le cœur de son père.'

27. The Likeness.

LINE
1 il y a, *there is (there are)*; il y a ... que, *there are ... since*;
   or, ... *ago*; le siècle, *century*; mour-ut, past of mour-ir, *to die*.
2 laiss-er, *to leave*.
3 sav-ait, past imperf. of sav-oir, *to know*; unique, *unique, here only*; le voyage, *travel, journey, voyage*.
4 en ... les, =ses, *his*; le trait, *trait, here feature*.
5 jeunes gens, *young men*.
6 prétend-re, *to pretend, profess, claim*; l'héritier (m.), *heir*.
7 légitime, *legitimate, rightful, lawful*; le juge, *judge*.
   fit apporter, *sent for* (lit. *made (ordered) to-bring*).
   le défunt, *deceased, departed*.
8 extrêmement, *extremely*; ressemblant, *resembling, like, true*.
   l'héritage (m.), *inheritance, legacy*.
9 atteind-re (de), *to reach, here to hit (with)*; la flèche, *arrow*.
10 la marque, *mark*; je fais, *I make*; la poitrine, *the breast, chest*.
11 tirer, here *to shoot*; atteign-it, past of atteind-re, *hit*.
12 vis-er, *to take aim*.
13 le troisième, *third*; se mit à, past of se mettre à, *to begin*.
   trembler, *to tremble*; pâl-ir, *to turn-pale*; versa d'abondantes larmes, *burst into tears* (verser, lit. *to shed*).
14 la larme, *tear*; l'arc, m., *bow*.
15 je ne saurais, *I cannot*; mille (m.), *a thousand*; mieux, *better, or rather*.
18 véritable, *veritable, true, real*.
19 ne sont que des, *are only*; l'imposteur, *impostor*.
20 ne fût-ce que, *were-it only*; la peinture, *painting, picture*.
   ne peut (pres. of pouvoir), *cannot*.
21 percer de, *to pierce with*.

27a. Amusette.

L N N E O P Y :— Hélène est née au pays grec ;
L I A V Q :—   elle y a vécu ;
L I E D C D :— elle y est décédée ;
E L I E R S T :— et elle y est restée.

1 est né(e), *was born*; le pays, *country*; grec, *Greek*.
2 y, *there*; vécu, *lived*.
3 décédée, *deceased, died*.   4 restée, *remained*.

F

28. Les Mouches et les Araignées.

'Pour quel objet Dieu a-t-il pu créer les mouches et les araignées ?' disait souvent un jeune prince ; 'de pareils insectes ne sont nullement utiles aux hommes, et si j'en avais le pouvoir, je les ferais disparaître de 5 la terre.'

Ce prince se vit un jour obligé, pendant la guerre, de fuir devant l'ennemi. Le soir, étant très fatigué, il se coucha sous un arbre, au milieu d'une forêt, et ne tarda pas à s'endormir. Il fut découvert par un

27b. Un borgne rencontra de bon matin un bossu et lui dit pour le railler :—

"Mon ami, vous avez de bonne heure votre charge sur le dos."
"Il est vrai que c'est de bonne heure pour vous," lui répondit le bossu, "car vous avez encore une fenêtre fermée."

LINE
1 **rencontrer,** *to meet* ; **de bon matin,** *early* ; **le bossu,** *the hunchback.*
2 **railler,** *to make game of.*
3 **de bonne heure,** *early* ; **la charge,** *load, burden* ; **le dos,** *back.*
4 **vrai,** *true.*

28. Flies and Spiders.

1 **l'objet (m.),** *object* ; **Dieu a-t-il,** *has God* ; * **pu,** *been-able* (P.P. of **pouvoir**).
2 **disait** (past imperf. of **dire**), *to say* ; **souvent,** *often.*
3 **ne . . . nullement,** *not at all* ; **utile(s),** *useful.*
4 **le pouvoir,** *power* ; **en,** *of-it* ; **si j'en avais le pouvoir,** *if it were in my power* ; **ferais** (see 21, line 7) ; **disparaître,** *disappear.*
6 **se vit** (past of **voir**), *saw himself* ; **obligé,** *compelled* ; **pendant,** *during* ; **la guerre,** *war.*
7 **devant,** *before* ; **l'ennemi,** *enemy, foe* ; **fatigué,** *tired, weary.*
9 **tard-er,** *to be-long-in* ; **s'endormir,** *to fall-asleep* ; **découvert** (P.P. of **découvrir**), *discovered.*

* When the *Subject* of a Verb is a *Noun*, put a question as follows :—

Is Henry ill? say—*Henry is-he ill?* or,   { **Henri est-il malade?** or,
      Is-it that H. is ill?   { **Est-ce que Henri est malade?**
Has John a watch? = *John has-he a watch?* or,   { **Jean a-t-il une montre?** or,
      Is-it that J. has a watch?   { **Est-ce que Jean a une montre?**

soldat ennemi, qui, le sabre nu, se glissa doucement près de lui, afin de le tuer. Dans ce moment une mouche vint tout à coup se poser sur la joue du prince, et le piqua si vivement qu'il se réveilla. Il se leva, tira son épée, et mit en fuite le soldat.

De là, le prince courut se cacher dans une caverne de la même forêt. Pendant la nuit, une araignée tendit sa toile à l'ouverture. Deux soldats ennemis qui étaient à la recherche du prince fugitif, passèrent le matin devant la grotte, et le prince entendit leur conversation : 'Regarde, s'écria l'un d'eux, 'c'est ici sans doute qu'il se sera caché.'—'Non,' reprit l'autre, 'car en entrant, il n'aurait pas pu faire autrement que de déchirer cette toile d'araignée.'

29. Travaille et Prie.

Un pieux et habile cultivateur travailla son champ au printemps : il le fuma, le laboura, l'ensemença et le hersa. Tous les travaux finis, il ôta son chapeau, se jeta à genoux et levant avec confiance les yeux vers le ciel, il dit : 'Mon Dieu, j'ai fait ma besogne, faites la vôtre.' Et Dieu envoya dans leur temps la rosée et la pluie, la chaleur et le doux soleil. Il le préserva avec clémence de la sécheresse, de l'humidité, des gelées et de la grêle, et le couvrit d'une riche moisson.

MARMIER.

LINE
10 **le soldat,** *soldier* ; **le sabre nu,** *with drawn sword* ; **se gliss-er,** *to slip, glide, creep.*
11 **afin de,** *in order to.*
12 **vint** (past of **venir,** see 21, line 5) ; **se poser,** *to settle, alight, sit* ; **la joue,** *the cheek.*
13 **vivement,** *lively,* here *severely* ; **se réveiller,** *to awake* ; **se lev-er,** *to get-up, arise.*
14 **mit** (past of **mettre**) **en fuite,** *put to flight.*
15 **de là,** *hence* ; **courut,** past of **courir,** *to run.*
17 **tend-re,** *to spread* ; **la toile,** *cloth,* here *spider's web* ; **l'ouverture** (f.), *opening, aperture.*
18 **à la recherche de,** *in search of* ; **fugitif,** *fugitive.*
19 **le matin,** *morning,* here *in the morning* ; **la grotte,** *grotto.*
20 **regard-er,** *to look* ; **ici,** *here.*
21 **le doute,** *doubt* ; **il se sera caché,** *he must have hid himself.*
22 **il n'aurait pas pu faire autrement que de,** *he could not have helped.*
23 **déchirer,** *to tear to pieces.*

29. Work and Pray.

1 **pieux,** *pious* ; **habile,** *clever, skilful* ; **cultivateur,** *husbandman, tiller, farmer* ; **travaill-er,** *to work,* here *to till.*
2 **fumer,** *to manure (to smoke)* ; **labourer,** *to plough, to till.* **ensemencer,** *to sow.*
3 **herser,** *to harrow* ; **les travaux** (plur. of **le travail**), *labours* ; **fini(s),** *ended* ; **ôt-er,** *to take-off (away)* ; **le chapeau,** *hat.*
4 **le genou,** *knee* ; **la confiance,** *confidence* ; **lev-er,** *to raise, lift up.* **les yeux** (plur. of **l'œil,** m.), *eyes.*
5 **la besogne,** *work* ; **la vôtre,** *yours.*
6 **la rosée,** *dew.*
7 **la pluie,** *rain* ; **la chaleur,** *heat* ; **le soleil,** *sun.* **préserv-er,** *to preserve, protect.*
8 **la clémence,** *clemency, mercy* ; **la sécheresse,** *drought* ; **l'humidité,** *damp, dampness* ; **la gelée,** *frost.*
9 **la grêle,** *hail* ; **couvr-ir de,** *to cover with* ; **la moisson,** *harvest, crop.*

30. Les Amis après la Mort.

'Le gouverneur d'une île fut rappelé par le roi, son maître, pour rendre compte de son administration. Ceux de ses amis en qui il avait mis sa plus grande confiance, le laissèrent partir sans faire un pas. D'autres, sur lesquels il ne comptait pas moins, ne l'accompagnèrent que jusqu'à son vaisseau. Quelques-uns, de la part desquels il aurait à peine espéré tant de dévouement, le suivirent pendant son long voyage jusqu'au pied du trône du roi. Ils intercédèrent en sa faveur, et lui attirèrent les bonnes grâces du souverain.

'L'homme,' continua le père, 'possède aussi trois sortes d'amis ici-bas.

'Ordinairement il n'apprend à les bien connaître que lorsqu'il est rappelé de ce monde pour rendre compte de ses actions à Dieu.

'Les premiers de ces amis, l'argent et les biens terrestres, le quittent tout à fait à sa mort. Les seconds, qui sont les parents et les personnes de connaissance, ne l'accompagnent que jusqu'au tombeau. Les troisièmes sont ses bonnes œuvres : elles font avec lui son long voyage dans l'éternité, plaident pour lui devant le trône du Très-Haut, et lui obtiennent grâce et miséricorde.

'Qu'il est insensé, l'homme qui néglige précisément des amis si fidèles !'

30. The Friends after Death.

LINE
1 **le gouverneur,** *governor* ; **l'île** (f.), *island* ; **rappel-er,** *to recall*.
 le roi, *the king*.
2 **rendre,** *to render* (17); **le compte** (pronounced = cont), *account*.
3 **mis** (P.P. of **mettre**), *put*.
4 **part-ir,** *to start, leave* ; **faire un pas,** *to make* (say *take*) *a step*.
5 **lesquels,** *whom*.
6 **le vaisseau,** *vessel, ship*.
7 **de la part desquels,** *from whom* (lit. *from the part of-whom*) ;
 à peine, *hardly, scarcely*.
8 **le dévouement,** *devotion* ; **suivirent** (past of **suiv-re**), *to follow* (20) ;
 long, *long*.
9 **le trône,** *throne* ; **intercéder,** *to intercede*.
10 **la faveur,** *favour* ; **en sa faveur,** *in his behalf* ; **attirer,** *to attract,*
 say *won for him* ; **les bonnes grâces,** *the good graces, favour* ;
 le souverain, *sovereign*.
11 **continuer,** *to continue*.
13 **connaître,** *to know*.　　　　16 **terrestre,** *earthly*.
17 **quitter,** *to leave* ; **les seconds,** *the second-ones*.
18 **les parents** (m.), *parents, relations* ; **la connaissance,** *acquaintance*.
19 **le tombeau,** *grave, tomb*.
20 **les bonnes œuvres,** *good deeds*.
21 **l'éternité,** *eternity* ; **plaider,** *to plead*.
22 **le Très-Haut,** *the Most High* ; **obtiennent,** 3d pers. plur. of **obtenir,**
 to obtain ; **lui,** here *for-him* ; **grâce** (f.), here *mercy* ; **la miséricorde,** *pardon, forgiveness*.
23 **qu',** for **que,** *how* . . . ! **insensé,** *insane, senseless, foolish*.
 néglig-er, *to neglect* ; **précisément,** *precisely*.

30a. Énigme.

Entier, je suis une saison ;
Ami lecteur, si de mon nom
Une seule lettre est ôtée,
Je ne suis plus qu'une journée.—[*ɯ(a)ɪɣ*]

1 **entier,** *whole* ; **la saison,** *season*.
2 **ami lecteur,** *friendly reader*.
3 **la lettre,** *letter*.
4 **la journée,** *day* ; **hier,** *yesterday*.

ALPHABETICAL VOCABULARY

à, *to, at, in;* à+le=au; à+les= aux
a (without accent), *has,* 3d p. s. Pr. of **avoir**; il y a, *there is, there are;* il y a longtemps, *it is long since (ago)*
absolument, adv., *absolutely*
abus, m., *abuse, misuse*
accompagner, *to accompany*
accorder, *to grant, to agree*
accuser, *to accuse, to charge*
acheter, *to buy, to purchase*
acquérir, *to acquire*
acquis, P.P. and Pret. of **acquérir**, *to acquire*
admirer, *to admire*
affaire, f., *business, matter*
affliger, *to afflict, to grieve*
affranchir, *to free, to liberate*
afin de, *in order to*
afin que, *so that, in order that*
age (âge), m., *age*
agir, *to act*
ai, 1st p. of **avoir**, *to have*
aider, *to help, to aid, to assist*
aigre, *sour, acid*
aimer, *to love, to like, to be fond of*
ainsi, *so, thus, therefore*
air, m., *air, look, appearance*
ajouter, *to add*
alentour, adv., *around, about*
aller, *to go, to be about*
s'en aller, *to go away*
aller prendre, *to call for, to go and fetch*
allons! *come! come along!*
alors, adv., *then, at that time*
amasser, *to heap, to hoard, to gather*
amer, f. **amère**, *bitter*
ami, -e, *friend*
amuser, *to amuse, to entertain*
an, m., *year*
ancien, -ne, *old, former, ancient*
âne, m., *ass, donkey*
ange, m., *angel*
anglais, -e, *English*
Angleterre, f., *England*
année, f., *year*
annoncer, *to announce, to inform*
apercevoir, *to perceive, to descry*
aperçu, P.P. of **apercevoir**, *to perceive*
aperçut, Past of **apercevoir**
à peu près, *nearly*
appartenir, *to belong*
appartient, Pres. of **appartenir**
appeler, *to call*
s'appeler, *to be called, or named:* comment vous **appelez**-vous? je m'**appelle** Jean—*what is your name? my name is John*
appétit, m., *appetite*
apporter, *to bring (carry)*
apprendre, *to learn, to hear*
appris, *learnt*
approcher, *to approach, to draw near, come near the mark*
approvisionner, *to supply with provisions*
après, prep., *after, next to*
araignée, f., *spider*; toile d'**araignée**, *cobweb*
arbre, m., *tree, beam*
arc, m., *bow, arch, arc*
argent, m., *silver, money*
armée, f., *army*

ALPHABETICAL VOCABULARY

arrêter, *to stop, to arrest*
arriver, *to arrive, to come, to reach, to happen*
assaisonner, *to season*
assassiner, *to murder*
asseoir, *to seat, to set*; **s'asseoir**, *to sit down, to take one's seat*; être **assis**, *to be seated*
assez, *enough, sufficiently*
assiette, f., *plate, dish*
assis, -e (P.P. of **asseoir**), *seated, sitting*
assurément, *assuredly, surely*
atteindre, *to reach, to hit, to strike*
attendre, *to wait, to expect*
attendu, P.P. of **attendre**
au (contraction of **à** and **le**), *to-the, at-the, in-the, from-the*
aujourd'hui, adv., *to-day*
aumône, f., *alms, charity*
aussi, *also, too, likewise*
aussitôt, *immediately, directly*
autant, adv., *as much, as many*
autour, *around, round, about*
autre, *other, different, else*; un **autre**, *another*
autrement, *otherwise, else, or else*
aux (contraction of **à** and **les**), *to-the, at-the, in-the, from-the*, etc.
avait, Imperf. of **avoir**, *to have*
avant, avant de, avant que, *before, ere*
avec, *with, by means of*
aventure, f., *adventure*
aveugle, *blind*
avide, *greedy, eager*
avidement, *greedily, eagerly*
avis, m., *opinion, mind, advice*
s'aviser (de), *to bethink one's self, to take it into one's head*
avoir, *to have, to get*
y avoir, (*there*) *to be, to be the matter*; **il y a** (impers.), *there is, there are, it is . . . since, ago*
avril, m., *April*

se baisser, *to stoop*
bas, basse, adj., *low, inferior*
bateau, m., *boat, wherry*
bâton, m., *stick, cudgel, staff*

battre, *to beat, to strike, to thrash*
beau, bel, belle, adj., *fine, beautiful, fair, handsome*; **il fait beau** (temps), *it is fine weather*
beaucoup, *much, many, a great deal*
besogne, f., *work, job*
besoin, m., *need, want*; **avoir besoin de**, *to want*
bête, f., *beast, animal, a stupid person*; adj., *stupid, foolish*
beurre, m., *butter*; **tartine de beurre**, *slice of bread and butter*
bien, adv., *well, right, properly, very, much, quite, indeed, surely*
bienfaisance, f., *benevolence, charity*
bienfaisant, *charitable, kind*
bienfait, m., *benefit, kindness*
bientôt, *soon, shortly*
bienvenu, -e, *welcome*; **soyez le bienvenu!** *welcome!*
bière, f., *beer, ale*
biquette, f., *kid*
biscuit, m., *biscuit*
blanc, blanche, *white, clean, blank*
blé, m., *corn, wheat*
blesser, *to hurt, to wound*
blessure, f., *wound, injury*
bleu (pl. **bleus**), *blue*
blond, *fair*
bocage, m., *grove*
bœuf, m. (f silent in the plur.), *ox, beef*
boire, *to drink*
bois, m., *wood, timber*
boisson, f., *drink, beverage*
boîte, f., *box, case*
bon, bonne, *good, kind, fit, proper*
bonbon, m., *sweetmeat*
bondir, *to bound, to leap*
bonheur, m., *happiness, good luck*
bonjour, m., *good day, good morning*
bonté, f., *goodness, kindness*
borgne, *one-eyed*
bosquet, m., *grove, thicket*
bosse, f., *hump, bump*
bossu, *hunchback*

botte, f., *boot*
bouche, f., *mouth* ; bonne bouche, *tit-bit*
bourse, f., *purse, exchange*
bout, m., *end, tip, bit*
bouteille, f., *bottle*
bras, m., *arm, hands*
brave, *brave, gallant, honest*
brigand, m., *robber, ruffian*
briller, *to shine, to glitter*
bruit, m., *noise, sound, report*
brûler, *to burn, to scorch*
brun, *brown*
bu (P.P. of boire), *drunk*
buisson, m., *bush, thicket*

c' (instead of ce) ; c'est bien, *it is well*
çà, *here* ; çà et là, *here and there*
ça, pron. (for cela), *that*
cabane, f., *cabin, hut*
cacher, *to hide, to conceal*
cadavre, m., *corpse*
cadeau, m., *present, gift*
cage, f., *cage*
caillou, m., *flint, pebble, stone*
caisse, f., *case, box, chest*
calice, m., *cup (of a flower),* etc.
camarade, m., *comrade, mate*
camp, m., *camp*
campagne, f., *country, fields, country-house, campaign*
canard, m., *duck*
car, conj., *for, because*
carnage, m., *slaughter*
casser, *to break, to crack*
cassis, m., *black currants*
cause, f., *cause, motive, case*
causer, *to cause, to occasion*
causer, *to talk, to chat*
cave, f., *cellar*
ce, demonstrative pron., *this, that, it*
c'est, *that* or *it is* ; ce sont ..., *they* or *these are* ...
ce que (object), *that which, what*
ce qui (subject), *that which, what*
ceci, dem. pron., *this*
cela, dem. pron., *that*
celle, f. of celui, *she, her, that, the-one*

celui, pron. (pl. ceux), *he, him, the one, that*
celui-ci, *the latter, this, this-one*
celui-là, *the former, that one, he, him, that, that-one*
cent, *hundred*
cependant, *in the meantime, yet, however*
cerf, m., *stag, deer*
cerfeuil, m., *chervil*
cerise, f., *cherry*
ces, dem. adj., *these, those*
cet (see ce), before a vowel or h mute, *this* or *that* ; cet enfant, cet homme
cette, dem. adj. (feminine of ce), *this* or *that*
ceux, dem. pron. (pl. of celui), *those, they, them*
ceux-ci (pl. of celui-ci), *these, the latter, some*
ceux-là (pl. of celui-là), *those, the former, others*
chacun, -e, *each, every-one*
chaîne, f., *chain, ridge*
chaise, f., *chair*
chaleur, f., *heat, warmth*
chambre, f., *room, chamber* ; chambre à coucher, *bed-room*
chameau, m., *camel*
champ, m., *field, space, room*
chandelle, f., *candle*
changer, *to change, to alter*
chanson, f., *song*
chanter, *to sing, to warble, to crow*
chapeau, m., *hat, bonnet*
chaque, adj., *each, every*
charmant, *charming, delightful*
chasser, *to chase, to drive away, to hunt*
chat, chatte, f., *cat*
châtaigne, f., *chestnut*
château, m., *castle, palace*
chaud, -e, *hot, warm* ; avoir chaud, *to be warm*
se chauffer, *to warm one's self*
chemin, m., *way, road, path*
cheminer, *to go along, to progress*
chêne, m., *oak, oak-tree*

ALPHABETICAL VOCABULARY 75

cher, chère, adj., *dear, expensive*
chercher, *to search, to seek, to look-for*; aller **chercher,** *to go-for, to go and fetch*
chère, f., *cheer, fare*; faire bonne **chère,** *to fare well*
cheval, m. (pl. **chevaux**), *horse*; à **cheval,** *on horseback*; monter à **cheval,** *to ride*
chevelure, f. (collective), *head of hair*
cheveu, m., *hair*
chèvre, f., *she-goat*
chez, *at (in, to) the house of*; **chez** moi, *at my house, at home*; **chez** mon oncle, *at my uncle's*
chien, m. (**chienne,** f.), *dog*
chœur (ch=k), m., *choir, chorus*
choisir, *to choose, to select*
chose, f., *thing*; peu de **chose,** *trifle, trifling matter*; quelque **chose,** *something, anything*
chou, m. (pl. **choux**), *cabbage*
ci (ici), *here, this*
ciel, m. (pl. **cieux**), *heaven, sky*
ciguë, f., *hemlock*
cinq, *five*
cinquante, *fifty*
cinquième, *fifth*
cire, f., *wax*
citron, m., *citron, lemon*
citrouille, f., *pumpkin*
clair, -e, adj., *clear, bright, light*
clef, clé, f., *key*
clémence, f., *clemency*
clou, m., *nail (metal)*
cœur, m., *heart*
coin, m., *corner*; au **coin** du feu, *by the fireside*
colère, f., *anger, passion*; en **colère,** *angry, in a passion*; se mettre en **colère,** *to get angry*
combien, *how much? how many? how long? how far?*
comme, *as, like, how*
commencer, *to begin*
comment, *how, what, why*; **comment** cela? *how is that? how so?*
compte, m., *account, reckoning*

compter, *to count, to expect, to intend, to rely*
condamner (m not sounded), *to condemn*
conduire, *to conduct, to lead*
conduite, f., *behaviour, conduct, management*
confiance, f., *confidence, trust*
confiture, f., *preserves*
connaissance, f., *knowledge, acquaintance*
connaître, *to know, to be acquainted with*
conséquent, m., *consequent*; par **conséquent,** *consequently, therefore*
considérer, *to consider, to look-at*
consulter, *to consult*
conte, m., *tale, story*
contenir, *to contain, to check*
content, *satisfied, pleased*
contenter, *to satisfy, to please, gratify*
conter, *to relate, to tell*
continuer, *to continue, to go-on*
contraire, m., *contrary*; au **contraire,** *on the contrary*
contre, adv. and prep., *against*
coq, m., *cock*
coquille, f., *shell*
corbeau, m., *crow, raven*
corbeille, f., *basket*
corne, f., *horn*
corps, m., *body, frame*
corriger, *to correct, amend*
côté, m., *side*; à **côté,** *by, near*; de ce **côté-ci,** *this way*
cou, m., *neck*
se coucher, *to lie down, to go to bed, to set (of the sun)*
couleur, f., *colour*
coup, m., *blow, stroke, knock*; pour le **coup,** *this time*
coupe, f., *cutting, cut, cup*
couper, *to cut, to cut-off*
cour, f., *yard, court*
courir, *to run*
cours, m., *course, flow*
course, f., *run, race, course*
court, adv., *short*

courut, Past of **courir**
couteau, m., *knife*
couvert, m., *cloth, spoon and fork*
couvert (P.P. of **couvrir**), *covered, overcast*
couvrir, *to cover, to shelter*
craindre, *to fear, to dread*
crainte, f., *fear, dread, awe*
créer, *to create*
crème, f., *cream*
cri, m., *cry, shout, scream*
crier, *to cry, to shriek, to shout*
croire, *to believe, to trust to, to think*
croître, *to grow, to increase*
croquet, m., *cracker*
croyant (Pr. P. of **croire**), *believing*
cru (P.P. of **croire**), *believed*
crû (P.P. of **croître**), *grown*
cruche, f., *pitcher, jug, jar*
cruel, *cruel, painful*
cruellement, *cruelly*
crus (Past of **croire**), *believed*
cueillir, *to gather, pluck, pull*
cuire, *to cook, to roast, to bake*
cuisine, f., *kitchen, cooking*
cuisinier, cuisinière, *cook*
cuit (P.P. of **cuire**), *cooked, baked, done*
cuivre, m., *copper*

d' for **de**, before a vowel or **h** mute
d'abord, *at first, first*
d'ailleurs, *besides*
dame, f., *lady*
dangereu-x, -se, *dangerous*
dans, *in, into, within*
danser, *to dance*
datte, f., *date*
de, prep., *of, from, with, some*; **de + le = du, de + les = des**
dé, m., *thimble, die*
décéder, *to die, to decease*
déchirer, *to tear, to rend*
découvert (P.P. of **découvrir**), *uncovered, discovered, open*
découvrir, *to uncover, to discover, to disclose*
défunt, *defunct, dead*
déguiser, *to disguise, to conceal*

déjà, *already*
déjeuner, m., *breakfast*
délicieu-x, -se, *delicious, delightful*
demain, *to-morrow*
demander, *to ask, to want, to desire, to require*
demi, -e, *half*; une **demi** heure, *half an hour*
demoiselle, f., *young lady*
dent, f., *tooth*
se dépêcher, *to hasten, to make haste*
dépouiller, *to strip, to spoil*
depuis, prep. and adv., *since, from*; **depuis** quand? *how long?*
depuis que, conj., *since, ever since*
derni-er, -ère, *last, latter*
dérober (à), *to steal, to deprive*
des (contraction of **de** and **les**), *of-the, from-the, some, any*
dès, prep., *from, since, as early as*
descendre, *to descend, to come down*
dessous, *under, below*
dessus, *on, over, above, upon-it*
détourner, *to turn aside (up)*
deux, *two*; tous les **deux**, *both*
devant, prep., *before, in front-of*
devenir, *to become, to grow*
devint, Past of **devenir**
devoir, m., *duty, exercise, task*
devoir, *to owe, to be-indebted, be-necessary*
devrai, devrais, Fut. and Cond. of **devoir**
Dieu, m., *God*
difficile, *difficult, particular*
digne, *worthy*
diminuer, *to diminish, to lessen*
dîner, *to dine*
dire, *to say, to tell, to bid*; **dis**, Pres. of **dire**; **disant**, Pres. Part. of **dire**; **dit**, P.P. of **dire**
disparaître, *to disappear, to vanish*
dodu, *plump*
doigt, m., *finger*
dois (je, tu), **doit** (il), Pres. of **devoir**
don, m., *gift, present*
donc, *then, therefore, consequently, accordingly*

ALPHABETICAL VOCABULARY 77

donner, *to give, to impart*
dont, relat. pron., *whose, of-whom, of-which, with-which*
dormir, *to sleep*
dos, m., *back*
doucement, *gently, mildly*
douleur, f., *pain, sorrow*
doute, m., *doubt*
douter, *to doubt, to question*
dou-x, -ce, *sweet, soft, gentle, pleasant, fresh (water)*
douzaine, f., *dozen*
dresser, *to raise, to dress, to hold erect*
droit, adj., *straight, right, upright*
drôle, adj., *droll, funny*
drôle, m., *rogue, scoundrel*
du (contraction of **de le**), *of-the, from-the, some, any*
dû (P.P. of **devoir**), *owed, been-obliged* ; **j'ai dû** sortir, *I have been-obliged to-go-out*
duquel, relat. pron., *of - whom or from-whom,* or—*which*
dur, *hard, tough, harsh*
durement, *roughly, pitilessly*
dus, Past of **devoir**

eau, f., *water*
éclair, m., *lightning, flash*
éclore, *to blow (of flowers)*
éclos, P.P. of **éclore,** *full-blown*
école, f., *school*
s'écrier, *to cry out, to exclaim*
écu, m., *crown, dollar*
écurie, f., *stable*
édredon, m., *cider-down*
effet, m., *effect*
effrayer, *to frighten, to dismay*
égal, *equal, like*
égard, m., *regard, respect*
s'égarer, *to lose one's way, to wander, to stray, to err*
église, f., *church*
eh bien! *well! well now!*
s'élancer, *to dash, to spring*
élève, m. and f., *pupil, scholar*
elle, *she, her, it*
s'éloigner, *to go away, withdraw, to keep off*

embrasser, *to embrace*
s'émerveiller, *to wonder*
empêcher, *to hinder, to prevent*
empocher, *to pocket*
empoisonner, *to poison*
emporter, *to carry away or off;*
l'emporter sur, *to prevail, to surpass*
en, prep., *in, into, within, on*
en, pers. pron., m. and f., s. and pl., *of-him, of-her, of-it, of-them; from-him, from-her, from-it, from-them; for-it; some, any*
enceinte, f., *inclosure, walls*
encore (**encor** in poetry), *also, still, yet, again;* **encore un,** *another*
encre, f., *ink*
s'endormir, *to fall asleep*
enfant, m. and f., *child, infant;* **bon enfant,** *good fellow*
enfiler, *to enter*
enfin, *in short, at last, finally*
s'enfuir, *to flee, to run-away*
engager, *to pledge, to engage*
s'engager, *to engage one's self*
énigme, f., *riddle, puzzle*
enlever, *to take-away, to remove*
ennemi, *enemy, foe;* adj., *hostile*
ensemble, *together*
ensemencer, *to sow*
ensuite, *afterwards, then, thereupon*
entendre, *to hear, to understand, to mean*
enterrer, *to bury*
entier, entière, *entire, whole*
entre, *between, among*
entreprendre, *to undertake*
entrer, *to enter, to go or come in*
environ, *about*
environner, *to surround*
envoyer, *to send*
épais, -se, *thick, dense*
épée, f., *sword*
épi, m., *ear of corn, spike*
épine, f., *thorn, spine*
épouvantable, *frightful, dreadful*
épreuve, f., *trial, proof, test*
éprouver, *to try, to experience*

escalier, m., *stairs*
esclave, *slave*
espérer, *to hope, to expect*
espoir, m., *hope, expectation*
esprit, m., *spirit, soul, ghost, mind, wit*
essai, m., *trial, attempt*
est (3 p. s. Pres. of être), *is*
est-ce que? *is it that?*
et, *and*
étais, était, étaient, *was, were*
étant (Pres. P. of être), *being*
état, m., *state, profession, trade*
été, m., *summer, prime*
été (P.P. of être), *been*
éteindre, *to extinguish, put-out*
s'étendre, *to stretch one's self out, to spread*
étoile, f., *star*
étonnement, m., *wonder, astonishment*
étonner, *to astonish, astound*
étourdi, *giddy, thoughtless*
étrang-er, ère, *stranger, foreigner*
être, *to be, to belong*
étude, f., *study, office*
eu (P.P. of avoir), *had*
eûmes, eut, eûtes (Past of avoir), *had*
eux, *they, them*
eux-mêmes, pron., *themselves*
éveillé, *awake*
s'éveiller, *to awake, to rouse*
exactement, *exactly*
exemple, m., *example*
expirer, *to expire, to die*
exprès, adv., *on purpose*
extrêmement, *extremely*

fâché, *angry, sorry*
facile, *easy*
fade, *tasteless*
faim, f., *hunger*; avoir faim, *to be hungry*
faire, *to make, to do, to get, to cause, to compel, to allow*; faire faire, *to get made or done*; il fait froid, *it is cold*
fait (P.P. of faire), *made, done, shaped*

falloir, *to be necessary, must, to be obliged*
famine, f., *famine*
fardeau, m., *burden, load*
fatigué, *tired, weary*
faudra, Fut., and faudrait, Cond., of falloir
faut (il), Pres. of falloir; il me faut, *I want*
fau-x, -sse, adj., *false, wrong*
faveur, f., *favour*
femme, f., *woman, wife*
fenêtre, f., *window, easement*
fer, m., *iron*
ferai, Fut., and ferais, Condit. of faire
fermer, *to shut, to close*
fermier, m., *farmer, tenant*
féroce, *ferocious, fierce, wild*
fête, f., *feast, holiday*
feu, m., *fire*
feuille, f., *leaf, sheet*
fidèle, *faithful, true, trusty*
fidèlement, *faithfully*
fier, fière, *proud, haughty*
fièvre, f., *fever*
figure, f., *figure, face, countenance*
fil, m., *thread, yarn*
filer, *to spin*
fille, f., *girl, maid, daughter*
fils, m., *son*
fin, f., *end, close, aim*
fin, adj., *fine, delicate, refined*
finir, *to finish, to end*
fis, fit (Past of faire), *did or made*
flèche, f., *arrow*
fleur, f., *flower, blossom, bloom*
foi, f., *faith*
foin, m., *hay*
fois, f., *time*; une fois, *once (upon a time)*
fond, m., *bottom, depth, ground*
font (3d p. pl. Pr. of faire), *they do, they make*
forêt, f., *forest, woodland*
forge, f., *smithy*
fort, adj., *strong, large*; adv., *very, extremely, strongly*
fouet, m., *whip, whipping*
fouetter, *to whip, to lash, to beat*

ALPHABETICAL VOCABULARY 79

four, m., *oven*
fourchette, f., *fork*
fourmi, f., *ant*
fourrure, f., *fur, fur coat*
frais, fraiche, adj., *fresh, cool*
français, -e, adj., *French*
frapper, *to strike, to hit, to smite*
frère, m., *brother*
froid, adj., *cold, cool*; avoir **froid**, *to be (feel) cold*; faire **froid**, *to be cold (weather)*
fromage, m., *cheese*
froment, m., *wheat*
fruit, m., *fruit*
fuir, *to flee, to run away*
fuite, f., *flight*
fumer, *to smoke, to manure*
furieu-x, -se, *furious, mad*
fus, fut (Past of être), *was*

gai, *gay, lively, cheerful, merry*
galetas, m., *loft, attic*
garçon, m., *boy, waiter, bachelor*
garde, f., *guard, keeping, watch*; n'avoir **garde** de, *to beware of*
garder, *to keep, to preserve, to guard, to watch, to look after*
gardien, *keeper, guardian*
gâté, *spoiled*
gâteau, m., *cake*
géant, m., *giant*
gémir, *to groan, to bewail*
gens, pl., *people, persons, men, folk*
gentil, f. **gentille,** *pretty, nice, amiable, kind, pleasant*
gibier, m., *game*
gourmand, adj., *greedy, dainty*
goût, m., *taste, relish*
grâce, f., *grace, favour, pardon, mercy*
grain, m., *grain, corn, bead*
grand, *great, large, big, tall*
grand-père, m., *grandfather*
gras, f. **grasse,** *fat, plump, greasy*
grimper, *to climb, to creep*
gris, *grey*
gronder, *to grumble, to scold*
gros, f. **grosse,** *big, large, great, stout*
guerre, f., *war, strife*

N.B.—h *preceded by an ' is aspirated*
habile, *able, clever, skilful*
habit, m., *coat, garment*
'haie, f., *hedge*
'hâte, f., *haste, hurry*
'haut, adj., *high, lofty, tall, loud*
hélas! *alas!*
herbe, f., *herb, grass, weed*
héritage, m., *inheritance*
héritier, m., *heir*
heure, f., *hour, time*; quelle **heure** est-il? *what o'clock is it?* de bonne **heure,** *early*
heureu-x, -se, *happy, lucky, successful, fortunate*
hier, *yesterday*; **hier** au soir, *last evening*
histoire, f., *history, tale, story*
hiver, m., *winter*
homme, m., *man*
honnête, *honest, virtuous, proper, civil*
honnêtement, *honestly, civilly*
honneur, m., *honour, respect*
'honte, f., *shame, disgrace*
'hors, *out, beyond, save*
huile, f., *oil*
'huit, *eight*
humain, -e, *human, humane*
humeur, f., *humour, temper, disposition, mood, fancy*
humidité, f., *moisture, damp*

ici, *here, now*; ici bas, *in this world*; par ici, *this way*
il, *he, it*; il y a, *there is*
île, f., *island, isle*
ils (pl. of il), *they*
image, f., *image, picture*
s'imaginer, *to fancy, to imagine*
incliner, *to bend, to bow*
inconnu, -e, adj., *unknown*
infructueu-x, -se, *fruitless, unavailing.*
injure, f., *wrong, insult, injury*
injurier, *to abuse, to insult*
insensé, -e, *insane, mad, foolish*
instant, m., *instant, moment*

intelligence, f., *intellect, understanding, knowledge*
irai, iront, Fut., **irais,** Cond., of **aller**

j' for **je** before a vowel or silent **h**
jamais, *ever*; **ne . . . jamais,** *never*
jambon, m., *ham*
jardin, m., *garden*
jaune, *yellow*
je, *I*
jeter, *to throw, to cast*
jeu, m., *play, sport, acting, game*
jeudi, m., *Thursday*
jeune, *young, youthful*
joie, f., *joy, mirth*
joli, *pretty, nice*
joue, f., *cheek*
jouer, *to play, to sport, to gamble*
jouir (de), *to enjoy, to possess*
jour, m., *day, daylight*; **huit jours,** *a week*; **quinze jours,** *a fortnight*
journée, f., *day, day-time, day's work, day's journey, battle*
journellement, *daily*
joyeu-x, -se, *joyful, merry*
juge, m., *judge*
jugement, m., *judgment, trial, sentence*
juillet, m., *July*
juin, m., *June*
juré, *sworn*
jurer, *to swear*
jusque, *as far as, until, till*
jusqu'à ce que, *till, until*
juste, adj., *just, apt, right*
justement, *just then, precisely*

l', instead of **le** or **la,** *the*, before a vowel or **h** mute
l', from the pron. **le,** *him,* or **la,** *her,* before a vowel or **h** mute
la, art., f., *the*
la, pers. pron., objective case, *her, it,* etc.
là, adv., *there, then*; **là-bas,** *down there*; **là-dessus,** *thereupon*; **là-haut,** *up there*

labeur, m., *labour, toil*
labourer, *to till, to plough*
lac, m., *lake*
lâcher, *to loosen, to let loose, to let go*
laid, *ugly, plain*
laisser, *to leave, to let, to allow*
lait, m., *milk*
langage, m., *language, speech*
langue, f., *tongue, language*
lapin, *rabbit*
laquelle, relat. pron., f., *who, which*
large, *broad, wide*
larme, f., *tear*; **verser des larmes,** *to burst into tears*
laver, *to wash*
le, art., m. (**la,** f., **les,** m. and f. pl.), *the*
le, pers. pron., m. (**la,** f., **les,** m. and f. pl.), *him, he, it,* or *so*
lécher, *to lick*
leçon, f., *lesson, lecture*
léger, légère, *light, nimble, slender*
légitime, *lawful, legal*
lendemain, m., *following day*
lequel, relat. pron. (**laquelle,** f., **lesquels,** m. pl., **lesquelles,** f. pl.), *who, whom, which, that*
les, art. and pl. of **le** and **la,** *the*
les, pron., m. and f. pl., *them*
lettre, f., *letter*
leur, pers. pron., m. and f. pl., *to-them, them*
leur, poss. adj., m. and f., *their*; **le leur, la leur, les leurs,** poss. pron., *theirs*
lever, *to raise, to lift*
se lever, *to rise, to get (stand) up, to arise*
lieu, m. (pl. **lieux**), *place, spot*; **au lieu de,** *instead of*
lieue, f., *league*
lièvre, m., *hare*
lion, m., *lion*; **lionne,** f., *lioness*
lire, *to read*
lis, m., *lily*
lit, m., *bed, bedstead*
livre, m., *book*
livre, f., *pound*

ALPHABETICAL VOCABULARY 81

loi, f., *law, rule*
loin, adv., *far, far off*
l'on, instead of on
long, -ue, *long, slow*
lorsque, conj., *when*
louche, *squinting, suspicious*
louer, *to praise*
loup, m., f. louve, *wolf*
lu, P.P. of lire, *to read*
lui, disj. pers. pron., m., *he, him, it*
lui, conj. pers. pron., m. and f., *to-him, to-her, to-it*
lumière, f., *light, knowledge*
l'un, *one, the former*; les uns, *some*
l'un et l'autre, *both*
l'un l'autre (les uns les autres), *each other, one another*
lundi, m., *Monday*
lune, f., *moon*
lus (Past of lire), *read*

m' instead of me before a vowel or h mute
ma, poss. adj., f. (pl. mes), *my*
madame, f., *Mrs., madam*
mademoiselle, f., *miss*
mai, m., *May (month)*
maigre, *lean, meagre, thin*
main, f., *hand*
maintenant, *now*
mais, *but, however, why*
maison, f., *house, home, family*; à la maison, *at home, in-doors*
maître, m., *master, owner, teacher*
maîtresse, f., *mistress, landlady, owner, teacher*
majesté, f., *majesty*
mal, m. (pl. maux), *evil, ill, harm*
mal, adv., *ill, badly, amiss*
malade, *ill, sick, poorly*
malheur, m., *misfortune*
malheureusement, *unfortunately*
manger, *to eat*
manière, f., *manner, way*
manquer, *to fail, to want, to miss, to be missing*
marchand, m., *dealer, tradesman, shopkeeper*

marche, f., *march, walk, step*
marché, m., *market, bargain*
marcher, *to walk, to tread*
mardi, m., *Tuesday*
mari, m., *husband*
marron, m., *chestnut*
mars, m., *March*
matin, m., *morning*; de bon matin, *very early*
mauvais, *bad, ill, evil, wrong*
maux, pl. of mal
me, pers. pron., *me, to me*; me voici, *here I am*
méchant, -e, *wicked, bad, naughty, paltry*
médecin, m., *physician*
meilleur (comparat. of bon), *better*; le meilleur (superl.), *the best*
mêler, *to mix, to mingle*
se mêler, *to meddle, to interfere, to mind, to join in*
même, adj., *same, self, very*; de même que, *as, as well as, just as*
mémoire, f., *memory*
ménage, m., *house-keeping, household*
ménagère, f., *housewife*
mendiant, *beggar*
mener, *to lead, to conduct, to take*
mensonge, m., *lie, falsehood*
mentir, *to lie*
mer, f., *sea*
merci, for je vous remercie, *thanks*; Dieu merci! *thank God!*
mercredi, m., *Wednesday*
mère, f., *mother*
merveilleu-x, -se, *wonderful*
mes, poss. adj., m. and f. pl., *my*
mets, m., *dish, viands*
mettre, *to put, to place, to lay, to set, to put-on*
se mettre à, *to set about, to begin*
meuble, m., *piece of furniture*; pl., *furniture*
midi, m., *mid-day, noon, twelve o'clock*
miel, m., *honey*
mien, -ne, poss. pron., *mine*
miette, f., *crumb, bit*
mil, m., *millet*

milieu, m., *middle, midst*
mille (in dates **mil**), adj., *thousand*
millier, m., *thousand*
se mirer, *to look at one's self in a glass, to be reflected*
mis, mise (P.P. of **mettre**), *put, laid*, etc.
mis, mirent, Past of **mettre**, *to put*
modestie, f., *modesty*
moi, pers. pron., *I, me*; c'est **moi**, *it is I*
moins, adv., *less*; au **moins**, du **moins**, *at least*
mois, m., *month*
moisson, f., *harvest*
moitié, f., *half*
moment, m., *moment*
mon, poss. adj. (**ma**, f., **mes**, pl.), *my*
monde, m., *world, people, company*; tout le **monde**, *everybody, every one*
monsieur, m. (pl. **messieurs**), *gentleman, Sir, Mr.*
mont, m., *mount, mountain*
montagne, f., *mountain, hill*
monter, *to ascend, to go (get) up, to come up, to rise, to mount*; **monter** à cheval, *to ride on horseback*
montre, f., *watch*
se moquer de, *to laugh at, to mock*
morceau, m., *bit, morsel, piece*
mordre, *to bite*
mort, f., *death*
mort, -e (P.P. of **mourir**), *dead, lifeless, stagnant*
mot, m., *word, saying*
mouche, f., *fly*
moucheron, m., *small fly, midge*
moulin, m., *mill*
mouton, m., *sheep, mutton*
moyen, m., *means, way*
mur, m., *wall*
mûr, adj., *ripe, mature*
muraille, f., *walls, rampart*
mutuellement, *mutually*
mystérieu-x, -se, *mysterious*

n', before a vowel or silent **h**, for **ne**
ne generally complemented by **pas, point, que**, *not, no*
ne . . . que, *only*; **ne . . . rien**, *nothing*
né, -e (P.P. of **naître**), *born*
négliger, *to neglect, to slight*
neige, f., *snow*
neu-f, -ve, adj., *new*
neuf, *nine*
nez, m., *nose*
ni, *neither, nor*
nid, m., *nest, berth*
Nil, m., *the Nile*
Noël, *Christmas*
noir, -e, *black, dark*
noix, f., *walnut, nut*
nom, m., *name, noun, fame*
non, *no, not*; **non** plus, *neither*
nos, poss. adj., pl. m. and f. of **notre**, *our*
notre, poss. adj., m. and f., *our*
nôtre, poss. pron., *ours*; le (la) **nôtre**, les **nôtres**, pl. m. and f., *ours*
nourrir, *to feed, to nourish*
nous, pers. pron., *we, us, to-us*
nous-mêmes, *ourselves*
nouv-eau, -el, m., **-elle**, f., *new*
novembre, m., *November*
nu, -e, *naked, bare, plain*
nuire, *to hurt, to injure*
nuit, f., *night*
nul, nulle, adj., *no, not any, null*
nullement, *by no means, not at all*

obéir (à), *to obey, to yield*
obéissant, -e, *obedient*
objet, m., *object, aim*
obligeant, -e, *obliging, kind*
obliger, *to oblige, to compel*
odorant, *fragrant*
œil, m. (pl. **yeux**), *eye*
œuf, m. (**f** silent in the pl.), *egg*
œuvre, f., *work, deed, act*
offert, -e, P.P. of **offrir**, *to offer*
oie, f., *goose*
oiseau, m., *bird*
ombre, f., *shade, shadow*

ALPHABETICAL VOCABULARY 83

on, *one, people, we, you, they, somebody*; **on** dit, *it is said*
oncle, m., *uncle*
ont, 3d pers. pl. Pres. of **avoir**, *to have*
onze, *eleven*
or, m., *gold*; **d'or**, en **or**, *golden*
orage, m., *thunderstorm*
orange, f., *orange*
ordinairement, *usually, generally*
ordonner, *to order, to command, to ordain*
ordre, m., *order, command*
oreille, f., *ear*
oreiller, m., *pillow*
ortie, f., *nettle*
os, m., *bone*
oser, *to dare, to venture*
ôter, *to take away, to remove, to pull off*
ou, conj., *or, either*; **ou bien**, *or else*; **ou ... ou**, *either ... or*
où, adv., *where, whither, to-what, when*; **d'où**, *whence, how*; par **où** ? *which way?*
oublier, *to forget, to omit*
oui, adv., *yes*
ourdir, *to plait*
ours, m., *bear*
ouvert, -e (P.P. of **ouvrir**), *opened*
ouvrage, m., *work*
ouvrir, *to open, to start*

pain, m., *bread, loaf, cake*; **pain** d'épice, *gingerbread*
paix, f., *peace, rest*
palais, m., *palace, mansion*
pâlir, *to turn pale*
panier, m., *basket, hamper*
pantalon, m., *trousers*
papier, m., *paper*
Pâques, m. f., *Easter*
par, *by, through, out of, from*
paraît (il), (Pres. of **paraître**), *it appears*
paraître, *to appear*
parce que, *because, as*
parcourir, *to travel over, to run over (through)*
pareil, -le, *like, similar, such*

parent, -e, *relation, relative, kinsman*
parfum, m., *perfume, scent*
parler, *to speak*
parmi, *among, amidst*
parole, f., *word, speech, language*
parquet, m., *floor*
part, f., *part, share*
partage, m., *division, share*
partager, *to divide, to share*
prendre le parti de, *to make up one's mind*
partie, f., *part, party, game, lot*
partir, *to depart, to set out, to start, to go off*
partout, *everywhere*
parut, Past of **paraître**, *to appear*
pas, m., *step, pace*
pas, adv., **ne ... pas**, *not, no, not any*
passer, *to pass, to run over, to spend*
pâté, m., *pie*
patte, f., *paw, foot, claw*
pauvre, *poor, wretched, indigent*
payer, *to pay*
pays, m., *country*
paysan, -ne, *peasant, countryman, country-woman*
peau, f., *skin, hide, peel*
peine, f., *pain, pains, grief, trouble*; à **peine**, *hardly, scarcely*
peinture, f., *painting*
pencher, *to incline, to stoop, to bend*
pendant, prep., *during*
pendant que, conj., *while, whilst*
penser (à), *to think, to reflect*
pension, f., *pension, allowance*
percer, *to pierce*
perdre, *to lose, to ruin, to spoil*
perdu, *lost*
père, m., *father, parent*
périr, *to perish*
perle, f., *pearl*
permis, *lawful, allowable*
perroquet, m., *parrot*
personne, f., *person*
personne ... ne, indef. pron., m., *any one*
perte, f., *loss, ruin*
petit, adj., *little, small, short*

peu, *little,* (pl.) *few*
peuple, m., *people, nation*
peur, f., *fear, fright, dread*
peut (il, Pres. of **pouvoir),** *he is-able, he can*
peut-être, *may-be, perhaps*
pied, m., *foot, footing*
pierre, f., *stone, rock, flint*
pieu-x, -se, *pious, godly*
piquer, *to prick, to sting*
pire (Comp. of **mauvais),** *worse*
pis (Comp. of **mal),** *worse*
pitié, f., *pity, compassion*
placer, *to place, to put, to lay*
plaindre, *to pity*
plaine, f., *plain, level ground, low-land*
plaire, *to please* ; à Dieu ne **plaise !** *God forbid !*
plaît (Pres. of **plaire),** *pleases* ; s'il vous **plaît,** *if you please*
plante, f., *plant*
plein, *full*
plu (P.P. of **plaire),** *pleased*
pluie, f., *rain*
plume, f., *feather, plume, quill, pen*
plumet, m., *plume, tuft*
plupart, f., *most part* ; la **plupart des gens,** *most people*
plus, adv., *more, most* ; with **ne,** *no more*
plusieurs, *several, many*
plus tôt, *sooner*
plutôt, *rather, sooner*
poids, m., *weight, load, burden*
poignard, m., *dagger, poniard*
poignée, f., *handful*
poing, m., *fist, hand*
point, m., *point, dot, speck*
poire, f., *pear*
poison, m., *poison*
poisson, m., *fish*
poitrine, f., *breast, chest*
pomme, f., *apple* ; **pomme de terre,** *potato*
pont, m., *bridge, deck*
port, m., *port, harbour*
porte, f., *door, gate*
porter, *to carry, to bear, to support, to wear, to have-on*

poser, *to place, to put, to lay*
pot, m., *pot, jug*
poudre, f., *powder, dust*
poule, f., *hen, fowl*
pour, *for, on account of, in order to*
pour que (with Subj.), *so that, in order that*
pourquoi, *why, wherefore*
pousser, *to push, to thrust, to drive*
pouvoir, *to be able*
pouvoir, m., *power*
prairie, f., *meadow*
praline, f., *burnt almond*
précieu-x, -se, *precious, valuable*
précisément, *precisely, exactly*
premier, première, *first, former, foremost*
prendre, *to take, to seize*
près (de), *near, close by*
présent (à) adv., *at present, now*
présent, m., *present, gift*
présenter, *to present, to offer, to introduce*
préserver, *to preserve, to keep*
presque, *almost, nearly*
prêt, *ready, prepared, willing*
prétendre, *to claim, to pretend*
prêter, *to lend*
prêtre, m., *priest, clergyman*
prier, *to pray, to beg, to beseech*
prière, f., *prayer, entreaty*
printemps, m., *spring*
pris (Past of **prendre),** *took*
pris (P.P. of **prendre),** *taken, caught*
prix, m., *price, prize, reward*
profond, *deep, profound*
promettre, *to promise*
propre, *own, proper, clean, tidy*
pu (P.P. of **pouvoir),** *been able*
puis (je), Pres. of **pouvoir,** *I can*
puis, adv., *then, afterwards*
puisque, conj., *since*

qu' for **que** (but never for **qui)**
quand, adv., *when, whenever*
quant à, *with regard to, as to, as for*
que, interr. pron., *what ?* **qu'est-ce que c'est ?** *what is it ?*

ALPHABETICAL VOCABULARY

que, relat. pron., *whom, that, which*
que (after comparatives), *than, as*
quel, -le, *what, which*; quelle heure est-il? *what o'clock is it?*
quelque, *some, any*; pl. quelques, *few*
quelqu'un, *somebody, anybody*
quelques-uns, *some, a few, any*
querelle, f., *quarrel*
queue, f., *tail, end*
qui, relat. and interrog. pron., *who, that, whom, which*; qui est-ce? *who is it?*
quoi, relat. and interrog. pron., *what, which*; à quoi bon? *what is the use of it?*
quoique (with subj.), *although, though*

raconter, *to relate, to tell*
ramasser, *to gather, to pick up*
rappeler, *to call back, to recall*
rapporter, *to bring back*
rat, m., *rat*
recevoir, *to receive*
réchauffer, *to warm again*
recherche, f., *search, pursuit*
récolter, *to reap, to gather*
reconnaissance, f., *gratitude, thankfulness*
reconnaissant, *grateful*
reçu, -e, P.P. of recevoir, *to receive*
recueillir, *to gather, to reap*
redoubler, *to increase, to swell*
réfléchir, *to reflect, to consider*
regarder, *to look-at, to concern*
réglisse, f., *liquorice*
reine, f., *queen*
se réjouir (de), *to rejoice, to delight, to be glad, to enjoy one's self*
remédier, *to remedy*
remplir, *to fill, to fulfil*
remuer, *to move, to stir, to wag*
renard, m., *fox*
rencontrer, *to meet, to find*
rendre, *to render, to return, to give back*
renfermer, *to shut up, to contain*
rentrer, *to return, to go in again*

renverser, *to throw (knock) down, to overthrow, to upset*
repas, m., *meal, repast*
répliquer, *to reply, to rejoin*
répondre, *to answer, to reply*
réponse, f., *answer, reply*
se reposer, *to rest, to lie down, to depend, to rely*
repousser, *to push back, to repel*
reprendre, *to take again (back)*
repris, reprit (Past of reprendre)
ressemblant, *resembling, like*
ressembler, *to resemble, to be like*
rester, *to remain, to be left, to stay*
retirer, *to take-back, to take out, to draw out*
retourner, *to return, to go back again*
retraite, f., *retreat, retirement*
retrouver, *to find again*
réussir, *to succeed, to thrive*
revaloir, *to pay out*
rêve, m., *dream, fancy*
réveil, m., *awaking*
réveiller, *to awake, to call up*
revenir, *to return, to come again (back)*
ri (P.P. of rire), *laughed*
riant (Pr. P. of rire), *smiling, cheerful*
riche, *rich, wealthy*
richesse, f., *riches, wealth, richness*
rien . . . ne, *nothing, not anything*
rire, *to laugh, to joke*
rivage, m., *shore, beach, bank*
rivière, f., *river, stream*
roi, m., *king*
romain, adj., *Roman*
rond, *round, rounded*
ronde, f., *round, roundelay*
rosée, f., *dew*
rôti, m., *roast meat*
rouge, *red*
route, f., *road, way, track*
royaume, m., *kingdom*
rue, f., *street*

s' for se, before a vowel or silent h
s' for si (only before il, ils)

sa, poss. adj. (before fem. nouns sing. beginning with a consonant), *his, her, its, one's*
sable, m., *sand*
sablonneux, *sandy*
sac, m., *bag, sack*
sage, adj., *wise, well-behaved*
sais (je, Pres. of **savoir**), *I know*
saison, f., *season, time*
salade, f., *salad*
salé, adj., *salt*
salle, f., *hall, room, house*; **salle à manger**, *dining-room*
salon, m., *drawing-room, parlour*
samedi, m., *Saturday*
sang, m., *blood*
sans, *without, were it not for, but for*
santé, f., *health*
saurai, **saurais**, Fut. and Cond. of **savoir**
sauter, *to leap, to jump*
sauvage, adj., *savage, wild, untamed*
savant, adj., *learned*; subst., *scholar, learned man*
savoir, *to know, to understand, to be aware of, to be able*
savon, m., *soap*
scélérat, m., *villain, scoundrel*
se, refl. pron., *one's self* (m. and f. sing. and pl.), *himself, herself, itself, themselves, each other*
sec, **sèche**, *dry, thin, spare, dried*
sécheresse, f., *dryness, drought*
second (c pron. = g), *second*
secouer, *to shake off, to toss*
sel, m., *salt*
selle, f., *saddle, stool*
seller, *to saddle*
semaine, f., *week*
semer, *to sow, to spread*
sentir, *to feel, to smell*
séparer, *to separate, to part*
sept, *seven, seventh*
serai (Fut. of **être**), *shall be*
sérieu-x, -se, *serious, grave, earnest*
servante, f., *maid-servant*
servir, *to serve, to attend, to use*
ses, plur. of **son**, **sa**, *his, her, its*

seul, -e, *alone, only, one, single*
seulement, *only, merely, solely*
si, adv., *so, so very, so much, yes*
si, conj., *if, whether*
siècle, m., *century, age*
simple, *simple, single, mere, plain*
sœur, f., *sister*
soif, f., *thirst*; avoir **soif**, *to be thirsty*
soin, m., *care*; avoir **soin** de, *to take care of, to attend to*
soir, m., *evening*
soldat, m., *soldier*
soleil, m., *sun*
son, poss. adj., before masc. nouns (**ses**, pl.), *his, her, its, one's*
songe, m., *dream*
sonner, *to sound, to ring*
sont (**ils**, 3 p. pl. Pres. of **être**), *are*
sorte, f., *sort, kind, way*
sortir, *to go out, to emerge*
sot, sotte, adj., *foolish, silly*
sottise, f., *folly*
soulier, m., *shoe*
souper, m., *supper, supper-time*
souper, *to sup, to take supper*
source, f., *spring, fountain*
souris, f., *mouse*
sous, *under, below, beneath*
souvent, *often, frequently*
spectacle, m., *sight, show, play*
su (P.P. of **savoir**), *known*
suc, m., *juice*
sucre, m., *sugar*
suis (je, Pr. of **être**), *I am*
suivant, prep., *according to*; adj., *following*
suivre, *to follow, to come after*
supposer, *to suppose, to infer*
sur, prep., *on, upon, over, above*
surprendre, *to surprise, to overtake, to catch*
surtout, *above all, especially*

t', instead of **te**, before a vowel or h mute, *thee*, or *to-thee*
ta, poss. adj., f., *thy, your*
table, f., *table, board*

ALPHABETICAL VOCABULARY 87

tambour, m., *drum, drummer*
tandis que, *while, whilst, whereas*
tant, *so much (many), as much (many)*
tante, f., *aunt*
tapis, m., *carpet, rug*; **tapis** de table, *table-cover*
tapissé, *upholstered*
tard, *late*
tarder (à), *to delay, to linger, to loiter, to be long*
tartine, f., *slice of bread (with butter, preserves,* etc.)
tasse, f., *cup*
tâter, *to feel, to try*
te, *thee, to-thee*
témoigner, *to satisfy, to show*
temps, m., *time, weather, tense*
tendre, adj., *tender, soft, delicate*
tendre, v., *to stretch, to spread*
tenir, *to hold, to keep*
terme, m., *term, limit, bound*
terre, f., *earth, ground, soil, land, estate*
tes (pl. of **ton, ta**), *thy, your*
tête, f., *head, top, front*
thé, m., *tea*
théâtre, m., *theatre, stage*
tiens, je (Pres. of **tenir**), *I hold*
tirer, *to draw, to pull, to take out, to fire*
toi, pers. pron., *thou, thee, to-thee*
toile, f., *linen, linen cloth*
toit, m., *roof*
tombeau, m., *tomb, grave*
tomber, *to fall, to tumble*
ton (f. **ta,** pl. **tes**), poss. adj., *thy*
toujours, *always, ever, still*
tour, f., *tower, castle*
tour, m., *turn, round*
tourner, *to turn, to twirl*
tout, -e, adj. (pl. m. **tous,** f. **toutes**), *all, whole, every, each, any*; **tout** le monde, *everybody*; **tous** les jours, *every day*
tout, adv., *wholly, entirely, quite*
tout à coup, *all at once*
tout à fait, *quite, wholly, entirely*
traduire, *to translate*
trahir, *to betray*

trait, m., *trait, shaft*
traiter, *to treat, to use, to handle*
transporter, *to transport, to convey, to carry, to transfer*
travail, m. (pl. **travaux**), *labour, work*
travailler, *to work, to labour*
trembler, *to tremble, to shake*
très, *very, very much*
trésor, m., *treasure, treasury*
triste, *sad, melancholy, dull*
tristement, *sadly*
trois, *three*
tromper, *to deceive*
trompette, f., *trumpet*
trône, m., *throne*
trop, *too, too much, too many, over*
trouvaille, f., *find*
trouver, *to find*
se trouver, *to find one's self, to be present, to happen to be*
tu, pers. pron., *thou*
tuer, *to kill, to slaughter*
tuile, f., *tile*

un, f. **une,** *one, a, an*; **les uns,** *some*
unanime, *unanimous*
unique, *only, sole, single*
utile, *useful, profitable, serviceable*

va (il, 3d. p. s. Pres. of **aller**), *he goes, he is-about-to,* etc.
vache, f., *cow*
vaincre, *to conquer*
vaincu, *conquered, vanquished*
vais (je, Pres. of **aller**), *I go, I am-about-to*
vaisseau, m., *ship, vessel*
valeur, f., *value, worth, valour*
valise, f., *portmanteau*
valoir, *to be-worth*
vaut (il, Pres. of **valoir**), *is worth-as-much, is as-good-as*
vécu (P.P. of **vivre**), *lived*
vendre, *to sell*
vendredi, m., *Friday*
venger, *to revenge, to avenge*
venir, *to come, to reach, to grow*;
venir de, *to have just*

venu, P.P. of **venir**, *to come, to arrive*
véritable, *true, genuine*
vérité, f., *truth*
vers, prep., *towards, about*
verser, *to pour, to spill, to shed*
vêtu (P.P. of **vêtir**), *clothed*
veuillez (Imperat. of **vouloir**), *please, be good enough*
veulent, ils, *they will*
veux (je, tu), veut (il, Pres. of **vouloir)**, *I will, thou wilt*
viande, f., *meat*
vide, adj., *empty, vacant*
vie, f., *life*
vieillard, m., *old man*
viens (Pres. of **venir**), *come*
vieux (vieil, before a vowel or h mute), m., **vieille**, f., *old, aged, ancient*
vif, vive, *alive, quick, lively*
vilain, adj., *ugly, wretched*
villageois, *villager, cottager, rustic*
ville, f., *town, city*
vin, m., *wine*
vins, vint (Past of **venir**), *came*
violette, f., *violet*
vis (Pres. of **vivre**), *live*
vis (Past of **voir**), *saw*
visage, m., *face, countenance*
viser, *to aim*
vite, *quick, quickly*
vivement, *lively, quickly, smartly*
vivre, *to live, to be-alive*
vivres, m. pl., *provisions, stores*
voici, *behold, here-is, here-are, this-is, these-are* ; me **voici**, *here I am* ; le **voici**, *here he is*

voie, f., *way, road, track*
voilà, *behold, there-is, there-are, that-is, those-are*
voir, *to see, to behold*
voisin, -e, adj., *neighbouring*
voisin, -e, subst., *neighbour*
voisinage, m., *neighbourhood*
voix, f., *voice*
voler, *to fly, to fly about*
voler, *to steal, to rob*
voleur, *thief, robber*
volontiers, *willingly, readily*
vont (3d. p. pl. Pres. of **aller**), *they go, they are-about-to*
vos, pl. of **votre**, *your*
votre, poss. adj. (pl. **vos**), *your*
le **vôtre**, poss. pron., *yours, your-own*
voudrai, voudrais (Fut. and Cond. of **vouloir**), *shall (should) want*
vouloir, *to wish, to be-willing, to desire, to like, to want, to require*
vous, pers. pron., *you, ye*
voyage, m., *journey, voyage, trip*
voyager, *to travel, to sail*
voyageur, *traveller, passenger*
voyant (Pres. P. of **voir**), *seeing*
vrai, -e, *true, real, genuine*
vraiment, *truly, indeed*
vu, P.P. of **voir**, *to see*

y, adv., *there, here, thither, within* ; il **y** a, *there is (are)* ; **y** a-t-il ? *is (are) there ?* il **y** a trois mois, *three months ago* ; **y** a-t-il long-temps ? *is it long since ?*
y, pers. pron., *to-it, to-them*
yeux (pl. of **œil**), m., *eyes*

THE END

Printed by R & R. CLARK, *Edinburgh.*

MACMILLAN'S FOREIGN SCHOOL CLASSICS.
EDITED BY G. EUGENE FASNACHT,
Sometime Assistant-Master in Westminster School. 18mo.

MESSRS. MACMILLAN AND CO. are now publishing a Series of FOREIGN CLASSICS, edited for the use of Schools on a plan and scale similar to that of their Series of ELEMENTARY CLASSICS. Select works of the best foreign Authors will be issued, with suitable Notes and Introduction, based on the latest researches of French and German Scholars.

FRENCH.

Corneille—Le Cid. Edited by G. E. FASNACHT. 1s.
Dumas—Les Demoiselles de St. Cyr. Edited by VICTOR OGER, Lecturer in University College, Liverpool. 1s. 6d.
La Fontaine's Fables. Books I.—VI. Edited by L. M. MORIARTY, B.A., Assistant-Master at Harrow. [*In preparation.*
Molière—L'Avare. By the same Editor. 1s.
Molière—Le Bourgeois Gentilhomme. By the same Editor. 1s. 6d.
Molière—Les Femmes Savantes. By G. E. FASNACHT. 1s.
Molière—Le Misanthrope. By the same Editor. 1s.
Molière—Le Médecin Malgré Lui. By the same Editor. 1s.
Racine—Britannicus. Edited by EUGÈNE PELLISSIER, Assistant-Master in Clifton College, and Lecturer in University College, Bristol. 2s.
Sand, George—La Mare au Diable. Edited by W. E. RUSSELL, M.A., Assistant-Master in Haileybury College. 1s.
Sandeau, Jules—Mademoiselle de la Seiglière. Edited by H. C. STEEL, Assistant-Master in Winchester College. 1s. 6d.
French Readings from Roman History. Selected from Various Authors and Edited by C. COLBECK, M.A., late Fellow of Trinity College, Cambridge; Assistant-Master at Harrow. 4s. 6d.
Thiers's History of the Egyptian Expedition. Edited by Rev. H. A. BULL, M.A., Assistant-Master in Wellington College. [*In preparation.*
Voltaire—Charles XII. Edited by G. E. FASNACHT. 3s. 6d.

GERMAN.

Freytag (G.)—Doktor Luther. Edited by FRANCIS STORR, M.A., Head-Master of the Modern Side, Merchant Taylors' School. [*In preparation.*
Goethe—Götz von Berlichingen. Edited by H. A. BULL, M.A., Assistant-Master at Wellington College. 2s.
Goethe—Faust. Part I., followed by an Appendix in Part II. Edited by JANE LEE, Lecturer in Modern Languages at Newnham College, Cambridge. 4s. 6d.
Heine—Selections from the Reisebilder and other Prose Works. Edited by C. COLBECK, M.A., Assistant-Master at Harrow, late Fellow of Trinity College, Cambridge. 2s. 6d.
Lessing—Minna von Barnhelm. Edited by J. SIME, M.A.
[*In preparation.*

MACMILLAN AND CO., LONDON.

MACMILLAN'S FOREIGN SCHOOL CLASSICS—*Continued.*

Schiller—Die Jungfrau von Orleans. Edited by JOSEPH GOSTWICK. 2s. 6d.
Schiller—Maria Stuart. Edited by C. SHELDON, M.A., D.Lit., of the Royal Academical Institution, Belfast. 2s. 6d.
Schiller—Lyrical Poems. Selected and Edited, with Introduction and Notes, by E. J. TURNER, B.A., and E. D. A. MORSHEAD, M.A., Assistant-Masters in Winchester College. 2s. 6d.
Schiller—Wilhelm Tell. Edited by G. E. FASNACHT. 2s. 6d.
Schiller—Wallenstein. Part I. Das Lager. Edited by H. B. COTTERILL, M.A. 2s.
Uhland—Select Ballads. Adapted as a First Easy Reading Book for Beginners. With Vocabulary. Edited by G. E. FASNACHT. 1s.

⁎ *Other Volumes to follow.*

MACMILLAN'S PRIMARY SERIES
OF
FRENCH AND GERMAN READING BOOKS
EDITED BY G. EUGENE FASNACHT.

Cornaz—Nos Enfants et leurs Amis. Par Suzanne Cornaz. Edited by EDITH HARVEY. With Notes, Vocabulary, and Exercises. Globe 8vo. 1s. 6d. [*Ready.*
De Maistre—La Jeune Sibérienne et le Lépreux de la Cité d'Aoste. Edited, with Introduction, Notes, and Vocabulary, by S. BARLET, Assistant-Master in the Mercers' School. 1s. 6d. [*Ready.*
French Life in Letters. By Mrs. MOLESWORTH. With Notes on Idioms, etc. Globe 8vo. 1s. 6d. [*Ready.*
Florian—Select Fables. Selected and Edited, for the use of Schools, with Notes, Vocabulary, and Exercises, by C. YELD, M.A. 1s. 6d. [*Ready.*
Grimm—Kinder-und Hausmärchen. Edited, with Notes, Vocabulary, and Exercises, by G. E. FASNACHT. 18mo. 2s. 6d. [*Ready.*
Hauff—Die Karavane. Edited, with Introduction, Notes, and Vocabulary, by HERMAN HAGER, Ph.D. New Edition, with Exercises, arranged by G. E. FASNACHT. 3s. [*Ready.*
La Fontaine—Select Fables. Edited, with Introduction, Notes, and Vocabulary, by L. M. MORIARTY, M.A., Assistant-Master at Harrow. 2s. 6d. [*Ready.*
Perrault—Contes de Fées. Edited, with Introduction, Notes, Vocabulary, and Exercises, by G. E. FASNACHT. 1s. 6d. [*Ready.*
Schmid—Heinrich von Eichenfels. By CHR. VON SCHMID. Edited, with Vocabulary and Exercises, by G. E. FASNACHT. Globe 8vo. 2s. 6d. [*Ready.*
G. Schwab—Odysseus. With Introduction, Notes, and Vocabulary, by the same Editor. [*In preparation.*

⁎ *Other Volumes to follow.*

MACMILLAN AND CO., LONDON.

WORKS BY G. EUGENE FASNACHT.

Macmillan's Progressive French Course. By G. E. FASNACHT.
- I.—FIRST YEAR, containing Easy Lessons on the Regular Accidence. New and thoroughly Revised Edition. Extra Fcap. 8vo. 1s.
- II.—SECOND YEAR, containing an Elementary Grammar, with Copious Exercises, Notes, and Vocabularies. New Edition. Enlarged and thoroughly Revised. 2s.
- III.—THIRD YEAR, containing a Systematic Syntax, and Lessons in Composition. Extra Fcap. 8vo. 2s. 6d.

The Teacher's Companion to 'Macmillan's Progressive French Course.' With Copious Notes, Hints for Different Renderings, Synonyms, Philological Remarks, etc. By G. E. FASNACHT. Globe 8vo. First Year, 4s. 6d. Second Year, 4s. 6d. Third Year, 4s. 6d.

Macmillan's French Composition. By G. E. FASNACHT, Author of "Macmillan's Progressive French and German Course." Editor of "Macmillan's Foreign School Classics," etc.
FIRST COURSE: Parallel French-English Extracts, and Parallel English-French Syntax. Fcap. 8vo. 2s. 6d. [Part II. *In the Press.*

The Teacher's Companion to 'Macmillan's Course of French Composition.' By G. E. FASNACHT. First Course. Extra Fcap. 8vo. 4s. 6d.

Macmillan's Progressive French Readers. By G. E. FASNACHT.
- I.—FIRST YEAR, containing Fables, Historical Extracts, Letters, Dialogues, Ballads, Nursery Songs, etc., with two Vocabularies: (1) in the order of subjects; (2) in alphabetical order. New Edition, with Imitative Exercises. Extra Fcap. 8vo. 2s. 6d.
- II.—SECOND YEAR, containing Fiction in Prose and Verse, Historical and Descriptive Extracts, Essays, Letters, Dialogues, etc. New Edition, with Imitative Exercises. Extra Fcap. 8vo. 2s. 6d.

Macmillan's Progressive German Course. By G. E. FASNACHT.
Part I.—FIRST YEAR. Easy Lessons and Rules on the Regular Accidence. Extra Fcap. 8vo. 1s. 6d.
Part II.—SECOND YEAR. Conversational Lessons in Systematic Accidence and Elementary Syntax. With Philological Illustrations and Etymological Vocabulary. New Edition, enlarged and thoroughly recast. Extra Fcap. 8vo. 3s. 6d.
Part III.—THIRD YEAR. [*In the Press.*

Teacher's Companion to 'Macmillan's Progressive German Course.' With copious Notes, Hints for Different Renderings, Synonyms, Philological Remarks, etc. By G. E. FASNACHT. Extra Fcap. 8vo. First Year, 4s. 6d. Second Year, 4s. 6d.

Macmillan's Progressive German Readers. By G. E. FASNACHT.
- I.—FIRST YEAR, containing an Introduction to the German order of Words, with Copious Examples, Extracts from German Authors in Prose and Poetry, Notes, and Vocabularies. Extra Fcap. 8vo. 2s. 6d.

MACMILLAN AND CO., LONDON.

5.3.90

LaF.Gr
F248mf

Fasnacht, George Eugene
Macmillan's ??? readings for children.

13921

www.ingramcontent.com/pod-product-compliance
Lightning Source LLC
Chambersburg PA
CBHW030403170426
43202CB00010B/1473